Le petit guide

du 2ᵉ cycle

Grammaire française au primaire

Clément Lévesque

Éditions HRW

Groupe Éducalivres inc.
955, rue Bergar
Laval (Québec) H7L 4Z6
Téléphone : (514) 334-8466
Télécopieur : (514) 334-8387
Internet : www.editions-hrw.com

Cahier d'activités 4

Le petit guide
du 2ᵉ cycle

Grammaire française au primaire

Clément Lévesque

© 2003, **Éditions HRW** ▪ Groupe Éducalivres inc.
Tous droits réservés

Illustrations : Serge Rousseau

CODE PRODUIT 3323
ISBN 0-03-928699-1

Dépôt légal — 3ᵉ trimestre
Bibliothèque nationale du Québec, 2003
Bibliothèque nationale du Canada, 2003

Imprimé au Canada

1 2 3 4 5 6 7 8 9 0 II 2 1 0 9 8 7 6 5 4 3

La table des **matières**

Activité 1 — Quelles sont les lettres de l'alphabet ?

Il y a **26 lettres** dans l'alphabet français.

Voici l'ordre alphabétique en lettres minuscules :

▸ a, b, c, d, e, f, g, h, i, j, k, l, m, n, o, p, q, r, s, t, u, v, w, x, y, z.

Voici l'ordre alphabétique en lettres majuscules :

▸ A, B, C, D, E, F, G, H, I, J, K, L, M, N, O, P, Q, R, S, T, U, V, W, X, Y, Z.

1. Encercle les voyelles dans les mots suivants.

- avion
- aviatrice
- planeur
- aérogare
- passager
- hélicoptère
- copilote
- fuselage
- atterrissage

2. Encercle les consonnes dans les mots qui suivent.

- cosmos
- contact
- habitante
- antenne
- étranger
- soucoupe
- espace
- galaxie
- spatial

3. Écris les voyelles de l'alphabet français par ordre alphabétique.

_____

4. Écris les consonnes de l'alphabet français par ordre alphabétique.

_____

Activité 2   Placer des mots par ordre alphabétique   Le petit guide   ☞ pages 260 à 263
du 2ᵉ cycle
Utiliser les signes orthographiques

1. Place les mots suivants par ordre alphabétique.

(1) cheveu, lèvre, oreille, menton, bouche, barbe

_____

(2) cœur, hanche, jambe, cuisse, doigt, genou

_____

(3) taille, main, ventre, coude, ossature, pied

_____

2. Ajoute les accents appropriés aux mots suivants.

• Eric   • foret   • deja   • theatre

• regle   • pole   • etoile   • eleve

3. Ajoute le tréma ou la cédille qui manque dans chacun de ces mots.

• Noel   • colimacon   • aieul   • ca

• recu   • Raphael   • lecon   • Francois

4. Ajoute l'apostrophe ou le trait d'union aux endroits appropriés dans les mots suivants.

• lhiver   • cestàdire   • lorsquelle   • grandpère

• avantbras   • quelquun   • arcenciel   • aujourdhui

Activité 3   Qu'est-ce qu'un mot ?

Le petit guide
du 2ᵉ cycle   ☞ page 14

Définition

Un **mot** est un **regroupement de lettres** qui a du sens.

▸ *panda, la, vie, chinoise, rue, cette, lentement, gros, dans*

1. a) Observe les regroupements de lettres suivants.

• garmen   • tiven   • ec   • recf   • esd   • lachet   • ud   • rèsp   • pmmeos

b) Replace les lettres de chacun des regroupements dans l'ordre pour former, dans chaque cas, un mot français.

_____   _____   _____

_____   _____   _____

_____   _____   _____

c) Replace les mots dans l'ordre pour former une phrase. Écris cette phrase.

_____

_____

2. a) Observe les regroupements de lettres suivants.

• èrem   • refc   • am   • el   • aebu   • erdegra

b) Replace les lettres de chacun des regroupements dans l'ordre pour former, dans chaque cas, un mot français.

_____   _____   _____

_____   _____

c) Replace les mots dans l'ordre pour obtenir une phrase. Écris cette phrase.

_____

_____

Activité 4   Qu'est-ce qu'une syllabe ?

Le petit guide du 2ᵉ cycle   ☞ page 263

Définition

Une **syllabe** écrite est formée d'une ou de plusieurs lettres qui se prononcent ensemble. Un mot peut contenir une ou plusieurs syllabes.

▶ ma/man   pou/let   lo/co/mo/ti/ve   dieux   der/niè/re/ment

---

1. a) Lis les mots suivants. Sépare les syllabes de chacun d'eux à l'aide d'un trait oblique.

flamme ☐	pompier ☐	camion ☐
échelle ☐	casque ☐	incendie ☐
alerte ☐	blessure ☐	sirène ☐
fumée ☐	bottes ☐	pompière ☐
citerne ☐	sinistre ☐	dommages ☐

b) Dans les carrés, inscris le nombre de syllabes que contient chaque mot.

2. a) Consulte un dictionnaire et choisis 10 mots.

b) Écris ces 10 mots et sépare les syllabes de chacun d'eux à l'aide d'une barre oblique.

_____   _____

_____   _____

_____   _____

_____   _____

_____   _____

Activité Qu'est-ce qu'un préfixe ?   Le petit guide du 2ᵉ cycle   ☞ page 16

Définition

Un **préfixe** est une lettre ou plusieurs lettres que l'on place au début d'un mot de base pour former un autre mot.

▶ **in-** + *visible* ⟶ *invisible*

Un **mot de base** est un mot qui sert à former un mot dérivé.

▶ *in-* + **visible** ⟶ *invisible*

Un **mot dérivé** est un mot construit à partir d'un mot de base auquel on a ajouté un préfixe.

▶ *in-* + *visible* ⟶ **invisible**

1. a) Lis les phrases suivantes et observe les mots en caractères gras.

① Maria a grandi de quelques **centimètres** depuis l'année dernière.

② Julie a fait une rencontre **imprévue.**

③ Marc-André a dû **défaire** son bricolage.

④ Il faut **regrouper** tous les moutons.

⑤ Tout cela est vraiment **incroyable.**

b) Souligne les mots de base que tu reconnais dans chaque mot en gras.

2. a) Observe les préfixes et les mots de base inscrits dans les encadrés.

Préfixes		Mots de base	
dé-	auto-	avion	ordinaire
aéro-	dé-	port	mobile
hydr-	extra-	faire	geler

b) À l'aide de ces préfixes et de ces mots de base, forme six mots dérivés. Écris-les.

_____   _____

_____   _____

_____   _____

Activité 6 — Qu'est-ce qu'un suffixe ?

Le petit guide du 2ᵉ cycle ☞ page 18

Définition

Un **suffixe** est une lettre ou plusieurs lettres que l'on ajoute à la fin d'un mot de base pour former un autre mot.

▸ *cent* + *-ième* ⟶ *centième*

Parfois, on doit **modifier le mot de base** quand on ajoute un suffixe.

▸ *lav(er)* + *-age* ⟶ *lavage*

---

1. a) Lis les phrases suivantes et observe les mots en caractères gras.

   ① Ma grand-mère s'est fait un **jardinet.**

   ② Mon père veut faire **gazonner** le terrain.

   ③ Les **Québécois** habitent le Québec.

   ④ Manipulez ce paquet **délicatement.**

   ⑤ Préférez-vous un verre d'**orangeade** ou un verre d'eau ?

  b) Souligne les mots de base que tu reconnais dans les mots en caractères gras.

2. a) Observe les mots de base et les suffixes inscrits dans les encadrés.

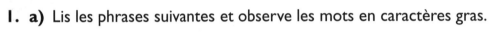

Mots de base		Suffixes	
propr(e)	barb(e)	-on	-ette
Montréal	chat	-iste	-oire
baign(e)	fill(e)	-eté	-u
dent	épic(e)	-ais	-erie

  b) À l'aide de ces mots de base et de ces suffixes, forme huit mots dérivés. Écris-les. Attention ! La terminaison de certains mots de base doit être modifiée pour pouvoir y ajouter un suffixe.

_____   _____

_____   _____

_____   _____

_____   _____

Activité 7 Qu'est-ce qu'un nom ?

Le petit guide du 2ᵉ cycle ☞ page 26

Définition

Un **nom** est un mot qui **désigne** une personne, un animal, une chose, une action, un sentiment.

▸ *avocate, Julien, chien, porte-clés, natation, fierté*

a) Observe les noms inscrits dans les bulles.

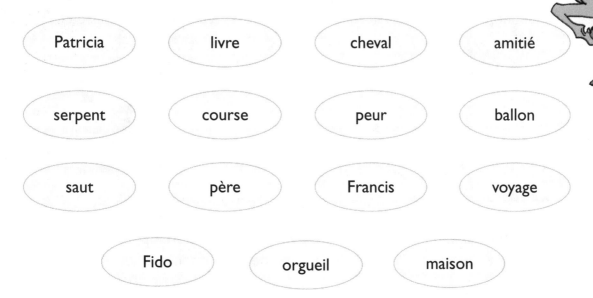

Patricia   livre   cheval   amitié

serpent   course   peur   ballon

saut   père   Francis   voyage

Fido   orgueil   maison

b) Classe ces noms dans la bonne colonne du tableau.

Noms				
Personne	**Animal**	**Chose**	**Action**	**Sentiment**

Activité 8 Qu'est-ce qu'un nom commun ?
Qu'est-ce qu'un nom propre ?

Le petit guide
du 2ᵉ cycle ☞ pages 30 et 32

Définitions

Un **nom commun** est un nom qui **désigne de façon générale** (imprécise) des personnes, des animaux, des choses, des rues, des constructions, des sentiments, des actions, etc.

• La première lettre d'un nom commun est toujours une **lettre minuscule.**

▸ *un **c**omédien, ton **c**hien, des **c**rayons, trois **m**aisons, l'**a**mitié, la **n**atation*

Un **nom propre** est un nom qui **identifie** et qui **désigne de façon précise** une personne, un animal, une ville, une province, une rue, une construction, etc.

• La première lettre d'un nom propre est toujours une **lettre majuscule.**

▸ *François, Pistache, Dolbeau, le Québec, le Stade olympique*

a) Lis le texte suivant.

Le kangourou

Le kangourou est un mammifère vivant en Australie et en Nouvelle-Guinée. Il appartient à la famille des marsupiaux, c'est-à-dire que la femelle porte son petit dans une poche ventrale. Ses pattes sont très développées. Il se déplace par bonds. Sa queue lui permet de garder son équilibre.

b) Écris les deux noms propres que ce texte contient.

_____   _____

c) Écris les 12 noms communs que ce texte contient.

_____   _____

_____   _____

_____   _____

_____   _____

_____   _____

_____   _____

Activité **9** Qu'est-ce que le genre des noms ?

Comment transforme-t-on un nom masculin en un nom féminin ?

Le petit guide du 2ᵉ cycle ☞ pages 36 et 38

Explication

Le **genre** est une caractéristique des **humains** et des **animaux**.

- Les **hommes** et les **animaux mâles** sont du **genre masculin**.

  ▸ *un homme, ce garçon, ce dentiste, un chien, le coq*

- Les **femmes** et les **animaux femelles** sont du **genre féminin**.

  ▸ *une femme, cette fille, cette dentiste, une chienne, la poule*

- Les **noms** qui désignent les objets, les actions, les choses, les idées et les sentiments ne peuvent changer de genre.

  ▸ *un crayon, une danse, un film, une pensée, la joie, le cerveau*

Règle

En général, pour transformer un nom masculin en un nom féminin, on lui ajoute un **e**.

▸ *un gamin - une gamine*

▸ *un adolescent - une adolescente*

a) Lis le texte suivant et souligne les noms.

Deux amis de la nature

André et Denis aiment se promener dans la forêt. Ils vont écouter le chant d'un oiseau, observer un petit écureuil ou écouter la chanson de l'eau claire dans le ruisseau. Parfois, ils aperçoivent un renard. Celui-ci est un animal rusé. Il connaît tous les trucs pour ne pas se faire prendre.

b) Dans le texte, seulement quatre noms au masculin peuvent être transformés en noms au féminin. Écris ces quatre noms et écris-les ensuite au féminin.

Noms au masculin	Noms au féminin

Activité 10

Comment forme-t-on le féminin des noms masculins qui se terminent par **-en, -on** et par **-et** ?

Le petit guide du 2ᵉ cycle ☞ page 42

Règle

Pour mettre au féminin les noms masculins qui se terminent par **-en, -on** et par **-et,** on **double la consonne finale** et on ajoute un **e.**

▸ *un terri**en*** + ***ne*** ⟶ *une terri**enne***

▸ *un champi**on*** + ***ne*** ⟶ *une champi**onne***

▸ *un cad**et*** + ***te*** ⟶ *une cad**ette***

Exceptions

▸ *Simon* ⟶ *Simone*   *un démon* ⟶ *une démone*

Remarque

On ajoute un **e** aux noms qui se terminent par **-at** et par **-ot,** sauf dans les cas suivants :

▸ *le chat* ⟶ *la chatte*   *ce sot* ⟶ *cette sotte*

Écris les noms suivants et leurs déterminants au féminin.

1 ce citoyen : _____

2 son chien : _____

3 le gardien : _____

4 un collégien : _____

5 le magicien : _____

6 un cadet : _____

7 ce muet : _____

8 le chat : _____

9 un espion : _____

10 Simon : _____

11 ton patron : _____

12 un sot : _____

Activité 11 Comment forme-t-on le féminin
des noms masculins qui se terminent
par **-eau** et par **-el** ?

Le petit guide
du 2ᵉ cycle ☞ page 44

Règle

Les noms masculins qui se terminent par **-eau** et par **-el** se terminent par **-elle**
lorsqu'on les met au féminin.

▸ *un agn**eau** - une agn**elle***
▸ *Emmanu**el** - Emmanu**elle***

a) Observe les noms inscrits dans les bulles.

jumeau   agneau   colonelle

jumelle   chameau   chamelle

b) Parmi les noms, choisis celui qui convient pour compléter chacune
des phrases suivantes.

① Le _____ de François lui ressemble ; ils sont identiques.

② L'_____ est couché près de la brebis.

③ La _____ inspectera les troupes demain.

④ Le _____ est un animal utile dans le désert.

⑤ Avoir une _____ plairait beaucoup à Marie-Andrée.

⑥ J'ai vu une _____ au zoo ; elle s'occupait de son bébé.

Activité 12   Comment forme-t-on le féminin
des noms masculins qui se terminent
par **-er** ?

Le petit guide
du 2e cycle   ☞ page 46

Règle

Les noms masculins dont la terminaison est **-er** se terminent par **-ère** au féminin.

▶ *un bouch**er** - une bouch**ère***   *un cuisin**ier** - une cuisin**ière***

1. Écris les noms suivants et leurs déterminants au féminin.

   ① un poissonnier : _____

   ② le dernier : _____

   ③ ce postier : _____

   ④ un journalier : _____

2. Écris une phrase avec chacun des noms suivants en les mettant au féminin.

   • policier   • écolier   • pompier   • infirmier   • boulanger

   ① _____

   _____

   ② _____

   _____

   ③ _____

   _____

   ④ _____

   _____

   ⑤ _____

   _____

Activité 13 Comment forme-t-on le féminin des noms masculins qui se terminent par **-eur** ?

Le petit guide du 2e cycle ☞ page 48

Règle

Les noms masculins qui **proviennent d'un verbe** et dont la terminaison est **-eur** se terminent par **-euse** au féminin.

▸ *un chant**eur** - une chant**euse*** : *chanteur* vient du verbe *chanter*.

▸ *un vol**eur** - une vol**euse*** : *voleur* vient du verbe *voler*.

Exceptions

▸ *inspecteur* → *inspectrice*   *exécuteur* → *exécutrice*

   inventeur → *inventrice*   *enchanteur* → *enchanteresse*

Dans chacune des phrases suivantes, écris le nom et son déterminant entre parenthèses au féminin.

1 Charlotte est (un inventeur) _____ originale.

2 (Ce skieur) _____ téméraire dévale les pentes.

3 (Le tricheur) _____ a été sévèrement punie.

4 (Un baigneur) _____ nage en eaux profondes.

5 (L'inspecteur) _____ Mireille examine tout attentivement.

6 (Un chercheur) _____ d'or a trouvé une pépite.

7 (Ce coiffeur) _____ est très habile de ses mains.

8 (Le voleur) _____ est arrêtée par le policier.

9 (Le vendeur) _____ étale la marchandise.

Activité 14

Comment forme-t-on le féminin
des noms masculins qui se terminent
par **-eur** ?

Le petit guide
du 2ᵉ cycle   ☞ page 50

Règle

Les noms masculins dont la terminaison est **-eur** et qui **ne proviennent pas
d'un verbe** se terminent par **-rice** au féminin.

▶ un ac**teur** - une ac**trice** : le verbe * acter n'existe pas au sens d'acteur.[1]

▶ un ambassad**eur** - une ambassad**rice** : le verbe * ambassader n'existe pas.

Exception

▶ un servi**teur** ⟶ une servante

a) Observe les noms inscrits dans les bulles.

éducateur

moniteur

lecteur

spectateur

directeur

b) Rédige une phrase avec chacun de ces noms. Utilise-les au féminin.

1 _____

_____

2 _____

_____

3 _____

_____

4 _____

_____

5 _____

_____

_____

1. * : phrase incorrecte ou non sens

Activité **15** Comment forme-t-on le féminin des noms masculins qui se terminent par **-x** ?

Le petit guide du 2e cycle ☞ page 52

Règle

Les noms dont la terminaison est **-x** au masculin se terminent par **-se** au féminin.

▸ *un époux - une épouse*
un lépreux - une lépreuse

Exceptions

▸ *un vieux* ⟶ *une vieille*   *un roux* ⟶ *une rousse*

1. Écris les noms suivants et leurs déterminants au féminin.

(1) le religieux : _____

(2) cet envieux : _____

(3) le jaloux : _____

(4) l'amoureux : _____

(5) un paresseux : _____

(6) un roux : _____

(7) le vieux : _____

(8) l'ambitieux : _____

(9) un peureux : _____

(10) le nécessiteux : _____

2. Mets les noms entre parenthèses au féminin.

(1) La (malheureux) _____ ne ressentait plus le froid.

(2) La (curieux) _____ veut toujours savoir de qui l'on parle.

Activité 16 Comment forme-t-on le féminin
des noms masculins qui se terminent
par **-f** et par **-p** ?

Le petit guide
du 2ᵉ cycle   ☞ page 54

Règle

Les noms masculins dont la terminaison est **-f** ou **-p** se terminent par **-ve** au féminin.

▸ *un sportif* - *une sportive*

▸ *un loup* - *une louve*

Écris une phrase avec chacun des noms ci-dessous en les mettant au féminin.

• fautif   • sportif   • loup   • émotif   • fugitif

1 _____

_____

2 _____

_____

3 _____

_____

4 _____

_____

5 _____

_____

Activité 17 Comment transforme-t-on un nom au singulier en un nom au pluriel ?

Le petit guide du 2ᵉ cycle ☞ page 58

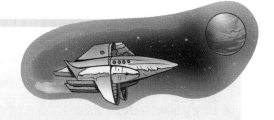

Règle

Pour écrire un nom au pluriel, on lui ajoute un **s**.

▸ *une fille* + **s** ⟶ *des filles*

▸ *la fusée* + **s** ⟶ *les fusées*

En règle générale, les noms au pluriel se terminent par la lettre **s**.

a) Lis le texte suivant.

Des nuages dans le ciel

Le Soleil réchauffe l'eau des rivières, des lacs et des océans. L'eau qui se réchauffe se transforme en vapeur. Celle-ci s'élève dans le ciel. Tout en haut, lorsque la vapeur rejoint l'air froid, elle se refroidit et forme de toutes petites gouttelettes d'eau. Ce sont les nuages. Ils ont de drôles de noms. Les cirrus annoncent du mauvais temps. Les cumulus sont des nuages de beau temps.

b) Classe tous les noms du texte dans la bonne colonne du tableau.

11 noms au singulier	10 noms au pluriel

Activité 18 Les noms au singulier qui se terminent par **-s, -x** et **-z** s'écrivent-ils de la même façon au pluriel ?

Le petit guide du 2ᵉ cycle ☞ page 60

Règle

Les noms au singulier qui se terminent par **-s, -x** et **-z** s'écrivent de la même façon au pluriel. Le déterminant indique le nombre du nom.

▶ **une** souris - **des** souris
cette perdrix - **ces** perdrix
le gaz - **les** gaz

1. Lis les phrases suivantes. Indique si les noms en caractères gras sont au singulier ou au pluriel.

① Ma grand-mère avait trois **fils.** _____

② Ils étaient contents de voir tous ces **gens.** _____

③ Elle a gagné le premier **prix** d'écriture. _____

④ À la croisée des chemins, il avait planté une **croix.** _____

⑤ La cheminée laisse échapper des **gaz** qui polluent l'environnement.

_____

⑥ Il est arrivé nez à **nez** avec son père. _____

⑦ Les bonshommes de neige avaient de gros **nez.** _____

⑧ La bergère gardait ses **brebis** dans la montagne. _____

⑨ La grenouille vit près du **marais.** _____

⑩ Les chèvres passent la journée dans l'**enclos.** _____

2. Quel mot de la phrase te permet de savoir si le nom qui se termine par **-s, -x** ou **-z** est au singulier ou au pluriel ?

_____

_____

Activité **19** Comment forme-t-on le pluriel des noms au singulier qui se terminent par **-ou** ?

Le petit guide du 2ᵉ cycle ☞ **page 62**

> **Règle**

Pour former le pluriel des noms en **-ou,** on leur ajoute un **s.**

▸ *le coucou - les coucous*   *le verrou - les verrous*

> **Exceptions**

▸ bijoux, cailloux, choux, genoux, hiboux, joujoux, poux

Écris les noms entre parenthèses au pluriel.

1 Les (bijou) _____ ne sont pas tous en or.

2 Les grands (manitou) _____ étaient un peu sorciers.

3 Jessica a vu des (kangourou) _____ au zoo.

4 Elle a creusé trois (trou) _____ pour planter des rosiers.

5 Il est tombé sur les (genou) _____ .

6 Il fixe la balançoire à l'aide de cinq (écrou) _____ .

7 Marie-Pierre préfère s'amuser avec ses (joujou) _____ .

8 Les policiers ont arrêté des (voyou) _____ .

9 Pierrot s'amusait à ramasser des (caillou) _____ .

10 Son chat a attrapé des (pou) _____ la semaine dernière.

11 Elle récolte des (chou) _____ à la ferme de son oncle.

12 Mathieu recycle les vieux (clou) _____ .

Activité 20   Comment forme-t-on le pluriel
des noms au singulier qui se terminent
par **-ail** ?

Le petit guide
du 2ᵉ cycle   ☞ page 64

Règle

On forme le pluriel des noms en **-ail** en leur ajoutant un **s**.

▶ ton chand**ail** - tes chand**ails**
un épouvant**ail** - deux épouvant**ails**

Exceptions

▶ un bail   ⟶   des baux   un corail   ⟶   des coraux
un émail ⟶   des émaux   un soupirail ⟶   des soupiraux
un travail ⟶   des travaux   un vitrail   ⟶   des vitraux

Dans les phrases suivantes, écris les noms entre parenthèses au pluriel.

1   Un sous-marin comporte deux (gouvernail) _____.

2   Les spectateurs se rafraîchissent à l'aide de leurs (éventail) _____.

3   Les locataires signent des (bail) _____ pour louer leurs logements.

4   Francis porte toujours de beaux (chandail) _____.

5   Lucas aime admirer ces (vitrail) _____ décoratifs.

6   Marion a réalisé des (travail) _____ superbes.

7   On peut admirer des (corail) _____ splendides dans les mers du Sud.

8   Ses (émail) _____ sur cuivre sont de véritables œuvres d'art.

9   Jennifer n'aime pas tous ces (détail) _____ qu'elle trouve inutiles.

10 L'eau est entrée par les (soupirail) _____.

Activité 21 Comment forme-t-on le pluriel des noms au singulier qui se terminent par **-al** ?

Le petit guide du 2ᵉ cycle   ☞ page 66

Règle

Les noms dont la terminaison est **-al** au singulier se terminent par **-aux** au pluriel.

▶ ce génér**al** - ces génér**aux**
  le cardin**al** - les cardin**aux**

Exceptions

▶ un bal   → des bals   un carnaval → des carnavals
  un chacal   → des chacals   un choral   → des chorals
  un cérémonial → des cérémonials un festival → des festivals
  un récital   → des récitals   un régal   → des régals
  un rorqual   → des rorquals

a) Lis le texte suivant.

Quelle fête !

La fête s'annonce comme un carnaval. Le repas sera un régal. Pour trouver ma place à la table, je dois me plier à un cérémonial très drôle. Je dois trouver quelqu'un qui a la même taille que moi. Cette personne viendra s'asseoir devant moi. Alors, on se mesure en se plaçant dos à dos. Ensuite, je dois trouver un couvert avant de passer à table. Chaque ustensile a été placé dans un bocal différent. C'est la course.
À l'autre bout de la pièce, il fait très sombre. Tout à coup, tous les invités se lèvent et me chantent « Joyeux anniversaire ». C'est la fête la plus drôle de ma vie.

b) Dans le texte, souligne les noms qui se terminent par **-al** et leurs déterminants.

c) Écris-les dans le tableau. Mets-les ensuite au pluriel.

Mots au singulier	Mots au pluriel

Activité 22   Comment forme-t-on le pluriel
des noms au singulier qui se terminent
par **-au, -eau** et par **-eu** ?

Le petit guide
du 2ᵉ cycle   ☞ page 68

Règle

On forme le pluriel des noms en **-au, -eau** et par **-eu** en leur ajoutant un **x.**

▸ un tuy**au** - des tuy**aux**
un chât**eau** - des chât**eaux**
un nev**eu** - des nev**eux**

Exceptions

▸ un landau → des landau**s**   ▸ un pneu → des pneu**s**
un sarrau → des sarrau**s**   un bleu → des bleu**s**

a) Cherche les noms suivants dans le dictionnaire pour connaître leur signification.

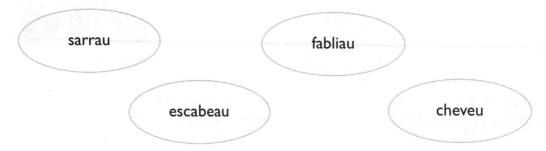

sarrau

fabliau

escabeau

cheveu

b) Écris une phrase avec chacun de ces noms. Utilise-les au pluriel.

1 _____

_____

2 _____

_____

3 _____

_____

4 _____

_____

Activité 23 Qu'est-ce que le déterminant que l'on nomme article défini ?

Le petit guide du 2ᵉ cycle ☞ pages 72 et 74

Qu'est-ce que le déterminant que l'on nomme article indéfini ?

Définitions

Le **déterminant** que l'on nomme **article défini** est un déterminant que l'on place devant un nom désignant une personne, un animal, une chose, une action **que l'on connaît.**

▸ *le* Québec, *la* colline, *l'*amour, *les* habitants, *l'*école, *le* héron

Les déterminants articles définis sont : *le, la, les, l', du, des, au, aux.*

Le **déterminant** que l'on nomme **article indéfini** est un déterminant que l'on place devant un nom désignant une personne, un animal, une chose, une action **que l'on ne connaît pas.**

▸ *un* voisin, *des* chevaux, *une* tasse, *un* saut

Les déterminants articles indéfinis sont : *un, une, des.*

a) Lis le texte suivant.

Un train électrique

Raphaël a reçu un train électrique pour Noël. Il était émerveillé. La locomotive peut tirer sept wagons. Les rails ont la forme d'une ellipse, c'est-à-dire la forme d'un zéro. Un wagon ressemble à ces anciens wagons dans lesquels on mettait le charbon qui servait à chauffer la chaudière de la locomotive. Un autre wagon sert pour transporter des marchandises. Il y a aussi deux wagons plate-forme pour transporter le bois. Enfin, il y a un wagon de queue dans lequel les cheminots peuvent prendre leurs repas et dormir quand vient la nuit.

Quand le train fonctionne, on peut le suivre et s'imaginer que l'on fait un voyage autour du monde. On croit traverser des champs, des montagnes. On croit que le train passe dans des tunnels, sur des ponts au-dessus des rivières. Raphaël aimerait conduire une locomotive quand il sera grand.

b) Encercle les déterminants articles définis.

c) Souligne les déterminants articles indéfinis.

Activité 24   Qu'est-ce qu'un déterminant possessif ?   Le petit guide du 2ᵉ cycle   ☞ page 76

Définition

Un **déterminant possessif** est un déterminant que l'on place devant un nom pour indiquer **à qui appartient** l'animal, la chose, etc., dont on parle.

▸ **mon** *chien,* **sa** *perruche,* **votre** *voiture,* **leur** *chalet*

Il indique aussi le **lien de parenté.**

▸ **ma** *mère,* **ton** *cousin,* **ses** *grands-parents,* **votre** *sœur,* **leur** *oncle*

Les déterminants possessifs sont :   **mon, ma, mes**   **notre, nos**
                                      ton, ta, tes   **votre, vos**
                                      son, sa, ses   **leur, leurs**

---

1. Lis les phrases suivantes et souligne les déterminants possessifs.

① Le cinéma près de chez moi est mon cinéma préféré.

② J'ai rencontré Joëlle et Julie avec leur chien.

③ J'aime bien ton foulard et ta tuque.

④ Votre chanteuse préférée est aussi ma chanteuse préférée.

⑤ Louison invite Pascal et sa sœur en voyage.

2. Parmi les déterminants possessifs ci-dessous, choisis ceux qui conviennent pour compléter les phrases suivantes.

• sa   • leurs   • ton   • leurs   • notre   • nos   • son

① J'ai bien aimé _____ spectacle de magie. Tu es un vrai magicien.

② Les musiciens ont apporté _____ violons et _____ flûtes.

③ Sarah a présenté _____ mère à Sébastien.

④ Nous invitons _____ amis à _____ chalet.

⑤ Éric passe des heures devant _____ ordinateur.

Nom : _____   Date : _____

Définition

Un **déterminant démonstratif** est un déterminant que l'on place devant un nom désignant une personne, un animal, une chose, etc. **que l'on veut montrer.**

▶ **ce** garçon, **cette** fille, **ces** enfants, **ce** crocodile, **cette** planche à roulettes, **cette** amitié

Les déterminants démonstratifs sont : **ce, cet, cette, ces**

Complète le texte suivant à l'aide des déterminants démonstratifs appropriés.

Le château

Sophie adore les châteaux. Elle trouve extraordinaire le château que l'on voit sur

(cet, cette) _____ photo. Elle aimerait l'habiter. Tout d'abord, il y a

(ces, c'est) _____ tourelles magnifiques. Elle installerait sa chambre

dans l'une d'elles. Elle placerait son lit face à (cet, cette) _____ fenêtre

pour regarder le soleil se lever. Elle adorerait franchir (se, ce) _____

pont-levis en sortant de chez elle. Elle ferait le tour du château pour mieux l'admirer.

Sophie aime beaucoup (ce, se) _____ chemin de ronde et

(cet, cette) _____ tour. Sophie espère qu'un jour elle pourra visiter

(ce, se) _____ château.

Activité 26 — Qu'est-ce qu'un pronom personnel ?

Le petit guide
du 2ᵉ cycle ☞ page 92

Définition

Un **pronom personnel** est un pronom qui **représente** la personne qui parle,
la personne à qui je parle ou qui **remplace** la personne de qui je parle, les animaux
ou les choses dont je parle.

▸ *Jessica dit à Valérie : « **Je** pars bientôt. »*

▸ *Gabriel s'ennuie. **Il** a perdu son petit chien.*

Les pronoms personnels sont : **je, me, moi, m'**   **nous**
                                       tu, te, toi, t'   **vous**
                                       il, elle, on, se, soi, s'   **ils, elles, eux, se, s'**
                                       le, la, lui, l', en, y   **les, leur, en, y**

Complète les phrases suivantes à l'aide des pronoms personnels appropriés.

1   _____ suis un amateur d'astronomie.

2   Parfois, la nuit, mon père et moi, _____ regardons les étoiles.

3   Avez-_____ déjà observé les étoiles ?

4   Certaines sont plus brillantes que d'autres. _____ apparaissent
plus clairement dans le ciel.

5   On _____ observe alors plus longuement.

6   C'est mon père qui m'a initié à l'astronomie. _____ dit que l'on peut
apprendre beaucoup de choses en regardant le ciel.

7   L'astronomie est une science. _____ est étudiée par
des scientifiques.

8   Un jour, je vous montrerai ce que je sais des étoiles. _____ serez
surpris de ce qu'_____ peuvent nous dire.

Nom : _____   Date : _____

Définition

Un **pronom possessif** est un pronom qui **remplace un nom** de personne, d'animal, de chose, d'action ou de sentiment, et qui **indique généralement un rapport d'appartenance ou de possession.**

▸ *mon chien : **le mien***   *ma planche à roulettes : **la mienne***

Les pronoms possessifs				
	Singulier		Pluriel	
	Masculin	Féminin	Masculin	Féminin
Lorsque je parle	le mien	la mienne	les miens	les miennes
Lorsque nous nous parlons	le nôtre	la nôtre	les nôtres	les nôtres
La personne à qui je parle	le tien	la tienne	les tiens	les tiennes
Les personnes à qui je parle	le vôtre	la vôtre	les vôtres	les vôtres
La personne de qui je parle	le sien	la sienne	les siens	les siennes
Les personnes de qui je parle	le leur	la leur	les leurs	les leurs

a) Lis les phrases suivantes et souligne les pronoms possessifs.

1. Votre maison est petite. La mienne aussi. _____

2. Mon chat est un angora. Le tien est un siamois. _____

3. Mon frère a reçu des patins pour Noël. J'ai reçu les miens pour mon anniversaire.

   _____

4. Les chats de Maude sont gris. Les nôtres sont noirs et blancs.

   _____

5. Julie et moi portons un chapeau. Le sien est jaune. _____

b) Indique ce que remplace chacun des pronoms possessifs.

Activité 28   Qu'est-ce qu'un pronom démonstratif ?   Le petit guide du 2ᵉ cycle ☞ page 96

Définition

Un **pronom démonstratif** est un pronom qui **remplace un nom** de personne, d'animal, de chose, d'action ou de sentiment **que l'on veut montrer**.

▶ *ce zèbre : **celui, celui-ci, celui-là***

Les pronoms démonstratifs				
	Forme simple			Forme composée	
	Masculin	Féminin	Neutre	Masculin	Féminin
Singulier	celui	celle	ce, c', ceci, cela, ça	celui-ci celui-là	celle-ci celle-là
Pluriel	ceux	celles		ceux-ci ceux-là	celles-ci celles-là

a) Observe les pronoms démonstratifs inscrits dans les bulles.

Celui-ci   Celle-ci   Ceux-ci

Celle   Ceux   Celles-ci

b) Parmi ces pronoms démonstratifs choisis ceux qui conviennent pour compléter le texte ci-dessous.

La journée de compétitions sportives

On organise une course de 100 mètres pour les filles. _____

qui arrivera la première gagnera un prix. _____ plaira sûrement

aux participantes. _____ seront heureuses d'avoir répondu

à l'invitation des organisateurs. _____ voudront certainement

répéter l'expérience.

On organise une compétition de saut en hauteur pour les gars. _____

qui ne veulent pas y participer pourront s'asseoir dans les estrades et regarder

la compétition. _____ se déroulera au parc.

Activité 29   Qu'est-ce qu'un pronom interrogatif ?   Le petit guide du 2ᵉ cycle   ☞ page 100

Définition

Un **pronom interrogatif** est un pronom qui **remplace un nom** de personne, d'animal, de chose, d'action ou de sentiment **lorsqu'on pose une question.**

▸ **Qui** est là ?
Laquelle préfères-tu ?
Que fais-tu ?

	Forme simple	Forme composée	
	Neutre	Masculin	Féminin
Singulier	qui que quoi	lequel auquel duquel	laquelle à laquelle de laquelle
Pluriel		lesquels auxquels desquels	lesquelles auxquelles desquelles

Les pronoms interrogatifs

Parmi les pronoms interrogatifs entre parenthèses, choisis celui qui convient pour compléter chacune des phrases suivantes.

1 (Quels, Quoi) _____ billets faut-il acheter pour le spectacle ?

2 (Qui, Quoi) _____ d'entre vous pourrait m'aider ?

3 (Lequel, Auquel) _____ allez-vous vous adresser ?

4 (Laquelle, Lequel) _____ des filles pourrait faire ce travail ?

5 (Qui, Quoi) _____ a mis ce joli ruban à mon chat ?

6 (Lequel, Laquelle) _____ de ces films préfères-tu ?

7 (À quoi, À qui) _____ appartient ce livre ?

8 (Quoi, Qui) _____ sera absente demain ?

Activité 30   Comment transforme-t-on un adjectif au masculin en un adjectif au féminin ?   Le petit guide du 2e cycle   ☞ page 106

Règle

En général, pour transformer un adjectif au **masculin** en un adjectif au **féminin,** on ajoute un **e.**

▶ sû**r** - sû**re**   éclatan**t** - éclatan**te**
hant**é** - hant**ée**   ble**u** - ble**ue**

Accorde les adjectifs entre parenthèses avec les noms soulignés qu'ils complètent.

1 La <u>journée</u> d'hier était très (froid) _froide_ .

2 Gabrielle a une (joli) _jolie_ <u>jupe</u> (court) _courte_ .

3 Jason croit que <u>Lucie</u> est plus (grand) _grande_ que lui.

4 La <u>route</u> pour se rendre au chalet est très (étroit) _étroite_ .

5 Émilie aime croquer dans une <u>pomme</u> (dur) _dure_ .

6 Joël préfère croquer dans une <u>pomme</u> (vert) _verte_ .

7 Jacob ne peut pas ranger ses jouets, car la <u>boîte</u> est (plein) _pleine_ .

8 <u>Julie</u> est (obéissant) _obéissante_ .

9 La <u>maison</u> de Sandra est (rond) _ronde_ .

10 La <u>clôture</u> est trop (haute) _haute_ pour être enjambée.

11 Il faut traverser le champ en <u>ligne</u> (droit) _droite_ .

12 La <u>vendeuse</u> de la boutique est (poli) _polie_ avec les clients.

13 Cette nuit, la <u>Lune</u> est (plein) _pleine_ .

14 La petite <u>chienne</u> (noir) _noire_ s'amuse avec le chat.

Activité 31 Comment forme-t-on le féminin des adjectifs au masculin qui se terminent par **-eil, -el, -il** et **-ul** ?

Le petit guide du 2ᵉ cycle ☞ page 110

> **Règle**
>
> Les adjectifs qui se terminent par **-eil, -el, -il,** et **-ul** au masculin se terminent par **-eille, -elle, -ille** et **-ulle** au féminin.
>
> ▶ pareil - pareille   gentil - gentille
>   naturel - naturelle   nul - nulle
>
> **Exceptions**
>
> ▶ civil ⟶ civile   viril ⟶ virile

a) Lis le texte suivant.

La fête du loup

Un loup voulait être **gentil.** À son anniversaire, il invitait tous les animaux de la forêt. C'était une fête **annuelle** très attendue. Et comme toujours, chacun recevait une invitation pour cette **habituelle** soirée. Le lièvre apportait une fleur **vermeille** pour décorer la maison du **gentil** loup. L'écureuil apportait une **vieille** écale de noix pour aiguiser ses dents et le geai bleu quelques brindilles pour faire un oreiller. Le loup, devant tous ces cadeaux, souriait et remerciait ses invités. Le loup décida d'organiser une course à travers la forêt. Entre lui et l'écureuil, ce fut une partie **nulle.**

b) Classe les adjectifs en caractères gras dans la bonne colonne du tableau.

Adjectifs au masculin	Adjectifs au féminin

Activité 32   Comment forme-t-on le féminin des adjectifs au masculin qui se terminent par **-en, -on, -et** et **-ot** ?

Le petit guide du 2e cycle   ☞ page 112

Règle

On **double la consonne finale** des adjectifs au masculin qui se terminent par **-en, -on, -et** et **-ot** et l'on ajoute un **e** pour les mettre au féminin.

▸ moy**en** + **ne** ⟶ moy**enne**   mign**on** + **ne** ⟶ mign**onne**
  mu**et** + **te** ⟶ mu**ette**   vieil**ot** + **te** ⟶ vieil**otte**

Exceptions

▸ complet ⟶ complète   inquiet ⟶ inquiète   bigot ⟶ bigote
  concret ⟶ concrète   replet ⟶ replète   dévot ⟶ dévote
  discret ⟶ discrète   secret ⟶ secrète   idiot ⟶ idiote

---

a) Lis le texte suivant.

Le berger et la bergère

Julie, la sœur **cadette** de Sarah, est allée voir un spectacle au théâtre. Des marionnettes racontaient l'histoire d'une **mignonne** bergère et d'un berger un peu fanfaron. Celui-ci était toujours de bonne humeur. Malgré sa redingote **vieillotte,** il était très beau. La bergère portait une robe **violette.** C'était une bergère **coquette.** Le spectacle racontait une histoire **ancienne** dont la fin était prévisible. Julie avait deviné que le berger deviendrait amoureux de la bergère.

b) Repère dans le texte les six adjectifs en caractères gras.

c) Dans le tableau, écris ces adjectifs au féminin. Écris-les ensuite au masculin.

Adjectifs au féminin	Adjectifs au masculin

Activité 33   Comment forme-t-on le féminin des adjectifs au masculin qui se terminent par **-er** ?

Le petit guide du 2ᵉ cycle   ☞ page 114

Règle

Les adjectifs qui se terminent par **-er** au masculin se terminent par **-ère** au féminin.

▶ *étranger* - *étrangère*
journalier - *journalière*

Parmi les adjectifs entre parenthèses, choisis ceux qui conviennent pour compléter les phrases suivantes.

1   Une famille (étranger, (étrangère)) _____ vit maintenant près de chez nous.

2   Le garçon de mon âge est ((fier) fière) _____ du pays d'où il vient.

3   Mon grand-papa prend une marche tous les jours. C'est son activité (journalier, (journalière)) _____.

4   Luc porte un petit paquet ((léger) légère) _____.

5   La sœur de Jean-François lit un roman ((policier) policière) _____.

6   Ce film raconte une intrigue (policier, (policière)) _____.

7   La (dernier, (dernière)) _____ personne invitée est arrivée.

8   La tulipe est une fleur (printanier, (printanière)) _____.

9   Jason est camelot pour le journal local. C'est un travail ((régulier) régulière) _____.

10   Frédéric a vécu une aventure (particulier, (particulière)) _____.

11   Visiter un pays ((étranger) étrangère) _____ est le plus ((cher) chère) _____ désir de Marie-Ève.

12   Alexandra boit une tisane (amer, (amère)) _____.

Activité 34 Comment forme-t-on le féminin des adjectifs au masculin qui se terminent par **-eur** et par **-teur** ?

Le petit guide du 2ᵉ cycle ☞ pages 116 et 118

Règle

Les adjectifs qui se terminent par **-eur** au masculin et qui **proviennent d'un verbe** se terminent par **-euse** au féminin.

▸ *saut**eur** - saut**euse*** : l'adjectif *sauteur* provient du verbe *sauter*.

Les adjectifs qui se terminent par **-teur** au masculin et qui **ne proviennent pas d'un verbe** se terminent par **-trice** au féminin.

▸ *protec**teur** - protec**trice*** : le verbe * *protecter* n'existe pas.[1]

▸ *provoca**teur** - provoca**trice*** : le verbe * *provocater* n'existe pas.

Exception

▸ *enchanteur* ⟶ *enchanteresse*

Dans les phrases suivantes, écris les adjectifs entre parenthèses au féminin.

1 Laurence est une fille (moqueur) _____.

2 Ils ont subi une tempête (dévastateur) _____.

3 Sandrine écoute une musique (tapageur) _____.

4 Il présente une leçon (formateur) _____.

5 Émilie est une fille (ricaneur) _____.

6 La chanteuse a une voix (cajoleur) _____.

7 Krystel a une grande sœur (protecteur) _____.

8 Mon père coupe une planche avec sa scie (sauteur) _____.

9 Elle a reçu une lettre (accusateur) _____.

10 Sarah a une perruche (jacasseur) _____.

---

1. * : phrase incorrecte ou non sens

Activité 35 Comment forme-t-on le féminin
des adjectifs au masculin qui
se terminent par **-s** et par **-x** ?

Le petit guide
du 2ᵉ cycle   ☞ page 120

Règle

Les adjectifs qui se terminent par **-s** ou par **-x** au masculin se terminent par **-se**
au féminin.

▸ françai**s** - françai**se**   heureu**x** - heureu**se**

Exceptions

▸ bas   → basse   las   → lasse   gros   → grosse
  épais → épaisse   frais → fraîche   doux   → douce
  faux   → fausse   vieux → vieille

---

a) Observe les adjectifs inscrits dans les bulles.

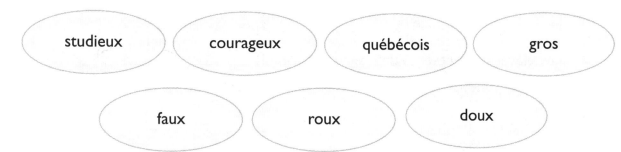

studieux   courageux   québécois   gros

faux   roux   doux

b) Parmi ces adjectifs, choisis celui qui convient pour compléter chacune des phrases
suivantes. Mets-les au féminin.

① Catherine est une élève _____.

② Le comédien portait une _____ barbe.

③ Joannie est une fille très _____.

④ Pour la soirée, sa mère portait une perruque _____.

⑤ Cette femme est une peintre _____ célèbre.

⑥ Les parents de Sandra écoutent une musique _____.

⑦ Jean-Philippe doit déplacer cette _____ roche.

Nom : _____   Date : _____

Comment forme-t-on le féminin des adjectifs au masculin qui se terminent *par -f* ?

Le petit guide du 2ᵉ cycle ☞ page 122

> **Règle**
>
> Les adjectifs qui se terminent par **-f** au masculin se terminent par **-ve** au féminin.
>
> ▶ *bref - brève*
> *neuf - neuve*
> *sauf - sauve*

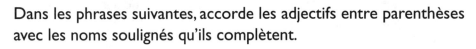

Dans les phrases suivantes, accorde les adjectifs entre parenthèses avec les noms soulignés qu'ils complètent.

1. Maria est une <u>fille</u> très (naïf) _____.

2. Jim s'est acheté une <u>chemise</u> (neuf) _____.

3. La <u>cigarette</u> est (nocif) _____ pour la santé.

4. Les élèves ont présenté une <u>œuvre</u> (collectif) _____.

5. Josée a une <u>attitude</u> (fautif) _____.

6. Marielle est une <u>fille</u> (attentif) _____ en classe.

7. Virgule est une <u>chatte</u> (chétif) _____.

8. Le lièvre a eu la <u>vie</u> (sauf) _____ parce qu'il est rapide.

9. Justin se plaît à raconter une <u>aventure</u> (fictif) _____.

10. Le concierge lavait le plancher avec une <u>poudre</u> (abrasif) _____.

11. Francis et Jessica trouvent la <u>promenade</u> trop (bref) _____.

12. Jacob ne peut rentrer à une <u>heure</u> (tardif) _____.

13. Ce garçon est une <u>personne</u> (créatif) _____.

14. Hier, avait lieu une <u>partie</u> de soccer (décisif) _____.

Activité 37 Comment transforme-t-on un adjectif au singulier en un adjectif au pluriel ?

Le petit guide du 2e cycle ☞ page 126

Règle

Pour mettre un adjectif au pluriel, on lui ajoute un **s**.

▸ *froide - froides*
noir - noirs

a) Lis les groupes de mots suivants.

1 un pays <u>lointain</u>

2 une région <u>étrange</u>

3 une population <u>accueillante</u>

4 un chien <u>féroce</u>

5 un film <u>drôle</u>

6 un ciel <u>bleu</u>

7 un directeur <u>sévère</u>

8 un jeu <u>amusant</u>

b) Souligne les adjectifs dans ces groupes de mots.

c) Écris cinq phrases. Dans chaque phrase, utilise un des adjectifs que tu as soulignés. Écris-le au pluriel.

1 _____

_____

2 _____

_____

3 _____

_____

4 _____

_____

5 _____

_____

Activité 38 Les adjectifs au singulier qui se terminent par **-s** et par **-x** s'écrivent-ils de la même façon au pluriel ?

Le petit guide du 2ᵉ cycle ☞ page 128

Règle

Les adjectifs au singulier qui se terminent par **-s** ou par **-x** s'écrivent de la même façon au pluriel. Le déterminant et le nom t'indiquent le nombre de l'adjectif.

▸ *un renard sournoi**s** - des renards sournoi**s***
*un tissu soyeu**x** - des tissus soyeu**x***

Lis les phrases suivantes. Indique si les adjectifs en caractères gras sont au singulier ou au pluriel.

1   Il y a des animaux bien **curieux** au zoo. *pluriel*

2   Le hamster de Charles est **peureux.** *singulier*

3   La famille de Sylvie a fait un voyage peu **coûteux.** *singulier*

4   Des nuages **épais** cachent le soleil. *pluriel*

5   Les fritures sont des aliments **gras.** *pluriel*

6   Deux **vieux** messieurs sont assis sur un banc. *pluriel*

7   Ce masque est **affreux.** *singulier*

8   Le satin et la soie sont des tissus **doux.** *pluriel*

9   Le chien de Fannie est **gros.** *singulier*

10   Un écureuil se cache dans un arbre **creux.** *singulier*

11   Ce restaurant sert des repas **copieux.** *pluriel*

12   Sylvio est **québécois.** *singulier*

13   Le ciel est **nuageux** ce matin. *singulier*

© **Éditions HRW** ▪ Merci de ne pas photocopier

Nom : _____   Date : _____

Activité 39   Comment forme-t-on le pluriel
des adjectifs au singulier qui
se terminent par **-al** ?

Le petit guide
du 2e cycle   ☞ page 130

Règle

Les adjectifs qui se terminent par **-al** au singulier se terminent par **-aux** au pluriel.

▸ *music**al** - music**aux***   *médic**al** - médic**aux***

Exceptions

▸ *banals, bancals, fatals, finals, glacials, natals, navals*

Parmi les adjectifs entre parenthèses, choisis celui qui convient pour compléter chacune des phrases suivantes.

1. Pascal et Jérémie sont des amis (loyals, (loyaux)) _____.

2. Marie et Sophie ont élaboré des plans (génials, (géniaux)) _____.

3. Les baigneurs s'affrontent dans des combats ((navals) navaux) _____.

4. Ses cousins ont posé des gestes (brutals, (brutaux)) _____.

5. Tous ces matchs de balle-molle sont des matchs (amicals, (amicaux)). _____.

6. Jérémie et sa famille visitent des parcs (nationals, (nationaux)) _____.

7. Le cinéma présente des films ((banals,) banaux) _____.

8. Des vents ((glacials,) glaciaux) _____ soufflaient.

9. Julien participe à des spectacles (musicals, (musicaux)) _____.

10. Des poteaux (égals, (égaux)) _____ ont été plantés le long de la route.

11. Sa grand-mère reçoit des soins (médicals, (médicaux)) _____.

12. Le ski et le patin sont des plaisirs (hivernals, (hivernaux)) _____.

Activité 40   Comment forme-t-on le pluriel des adjectifs au singulier qui se terminent par **-eau** et par **-eu** ?

Le petit guide du 2e cycle   ☞ page 132

Règle

On forme le pluriel des adjectifs qui se terminent par **-eau** et par **-eu** au singulier en leur ajoutant un **x**.

▸ b**eau** - b**eaux**   nouv**eau** - nouv**eaux**

Exception

▸ bleu   ⟶   bleus

Parmi les adjectifs entre parenthèses, choisis ceux qui conviennent pour compléter les phrases suivantes.

1   Simon et Alexandre sont des frères (jumeau, jumeaux) _____.

2   Élyse a de (nouveau, nouveaux) _____ patins.

3   Olivier est le frère (jumeau, jumeaux) _____ de Louison.

4   Grand-papa raconte son plus (beau, beaux) _____ souvenir.

5   Grand-maman raconte ses plus (beau, beaux) _____ souvenirs.

6   Pierre-Luc adore les gros camions (bleu, bleus) _____.

7   Elle s'était procuré un blouson (bleu, bleus) _____.

8   Pascal porte un (beau, beaux) _____ pantalon (bleu, bleus) _____.

9   Le chandail des joueurs est (bleu, bleus) _____.

10 L'entraîneur apportait trois (nouveau, nouveaux) _____ ballons.

11 Ces tissus sont (bleu, bleus) _____.

12 Nos (nouveau, nouveaux) _____ voisins sont arrivés.

Activité 41   Qu'est-ce qu'un verbe ?

Le petit guide du 2ᵉ cycle ☞ page 134

Définition

Un **verbe** est un mot **qui exprime l'action** que fait le sujet du verbe ou
qui attribue une caractéristique à la personne, à l'animal, à la chose, à l'action
ou au sentiment qui est le sujet du verbe.

▸ *Je joue, tu cours, elle s'amuse, nous marchons, vous êtes bien, ils semblent malades.*

• Il est **le seul mot à se conjuguer.**

▸ *Je finis, tu finis, il finit, nous fini**ssons**, vous fini**ssez**, elles fini**ssent***

Remarque

Dans le dictionnaire, le verbe est écrit à l'infinitif. Il n'est pas conjugué.

Lis le texte suivant et souligne les verbes.

Les éclipses

Une éclipse est la disparition passagère d'un astre. Une éclipse de Soleil est donc
la disparition du Soleil. Une éclipse de Soleil se produit quand la Lune passe entre
la Terre et le Soleil. La Lune cache le Soleil. Peu à peu, le Soleil disparaît. Il fait plus
sombre. Puis, peu à peu, le Soleil réapparaît. La clarté revient comme auparavant.
La prochaine éclipse solaire totale se produira en l'an 2024.

L'éclipse lunaire se produit uniquement quand la Lune est en phase de pleine Lune.
L'axe de l'orbite du Soleil est bien aligné avec celui de la Lune et de la Terre. La Lune
entre dans le cône d'ombre formé par la position de la Terre par rapport au Soleil.
La Lune faiblement éclairée apparaît alors d'une couleur rougeâtre.

Activité 42 · Le verbe a-t-il un nombre ?

Le petit guide du 2e cycle ☞ page 136

Explication

Le verbe a un **nombre.**

- Le verbe est au **singulier** quand son groupe sujet est au singulier.

  ▶ *Je finis, tu dors, elle arrive, Carl mange.*

- Le verbe est au **pluriel** quand son groupe sujet est au pluriel.

  ▶ *Nous finissons, vous dormez, elles arrivent, les enfants rient.*

a) Lis le texte suivant.

À la ferme de l'oncle Gaston

Martin et Sarah **sont** en visite à la ferme de l'oncle Gaston. Celui-ci **est** très gentil. Il **laisse** les enfants se promener où ils **veulent.** Les enfants **désirent** aider leur oncle en travaillant à la ferme. Ils **se rendent** à l'étable pour voir les vaches. C'**est** l'heure de faire la traite : il faut tirer le lait des pis des vaches. Oncle Gaston **possède** 48 vaches. Il **utilise** une machine pour les traire. Les enfants **doivent** apporter du foin pour les nourrir. Ensuite, les vaches **retournent** au pacage pendant que les enfants **nettoient** l'étable. Oncle Gaston **est** très fier de son neveu et de sa nièce.

b) Classe les verbes en caractères gras à l'endroit approprié dans le tableau suivant.

Verbes au singulier	Verbes au pluriel

Activité 43 Qu'est-ce que la personne grammaticale du verbe ?

Le petit guide du 2ᵉ cycle ☞ page 138

Explication

La personne grammaticale du verbe peut être :	
au singulier	**au pluriel**
1) la personne qui parle : **je** *joue*.	1) une personne qui parle et qui représente un groupe : **nous** *jou***ons**.
2) la personne à qui je parle : **tu** *jou***es**.	2) une personne à qui je parle et qui représente un groupe : **vous** *jou***ez**.
3) la personne de qui je parle, l'animal ou la chose dont je parle : **il** *joue*, **elle** *joue*.	3) un groupe de personnes, d'animaux ou de choses dont je parle : **ils** *jou***ent**, **elles** *jou***ent**.

a) Lis les phrases suivantes et souligne les verbes conjugués.

1   Elle ira au cinéma demain. _____

2   Vous rangez votre chambre. _____

3   Jean-François serait un bon candidat. _____

4   Ils sont mes préférés. _____

5   Nous allons jouer au parc. _____

6   Joël et Francis discutent ensemble. _____

7   Je fais un dessin. _____

8   Tu rejoindras tes amis au parc. _____

9   Il disait préférer le soccer. _____

10   Elles font toujours la même activité. _____

b) Indique à quelle personne grammaticale est conjugué chacun des verbes que tu as soulignés.

Activité 44   Qu'indique le temps du verbe ?

Le petit guide du 2ᵉ cycle   ☞ page 142

Explication

Le **temps du verbe** indique à quel moment une action ou un fait se situe :
dans le **passé,** dans le **présent** ou dans **le futur.**

Passé (hier)   **Présent** (en ce moment)   **Futur** (demain)

▸ *je faisais*   *je fais*   *je ferai*
  tu as fait   *tu fais*   *tu feras*

a) Lis le texte suivant.

Une journée à la pêche

Nous **sommes partis** très tôt ce matin. Le soleil **se levait** à peine. Mon père **ajustait** les cannes à pêche et ma mère **préparait** les sandwiches pour le lunch. Le vieille barque **avait** des allures de bateau pirate. Le temps **était** parfait pour la pêche.

Ce soir, je **suis** un peu fatigué. Avec papa, je **nettoie** les poissons que nous **avons pris.**

Cette nuit, je **dormirai** comme un bébé. Je **ferai** sûrement de beaux rêves. Je **rêverai** de ma belle journée de pêche.

b) Classe les verbes en caractères gras dans la bonne colonne du tableau.

Temps des verbes		
Passé (plus tôt)	**Présent** (en ce moment)	**Futur** (plus tard)

Activité 45   Qu'est-ce qu'un temps simple ?
Qu'est-ce qu'un temps composé ?

Le petit guide du 2e cycle   ☞ page 144

Explications

Un **temps simple** est un temps de conjugaison construit à l'aide d'**un seul mot.**

▶ *Tu assistes, Fannie chantait, nous marcherons, il voudrait*

Un **temps composé** est un temps de conjugaison construit à l'aide de **deux ou trois mots.**

▶ *Tu as assisté, Fannie avait chanté, il a été lavé, nous aurons marché*

a) Lis les phrases suivantes et souligne les verbes conjugués.

1   Mes grands-parents habitent à la ville. _____

2   Mon grand-père était chauffeur d'autobus. _____

3   Ma grand-mère a fait des chapeaux. _____

4   Oncle Benoit vit à la campagne. _____

5   Il élève des poules et des canards. _____

6   Je suis allé lui rendre visite l'été dernier. _____

7   J'ai nourri les poules avec du grain. _____

8   Nous avons fait une promenade sur sa terre. _____

9   Sa terre est très grande. _____

10   J'espère y retourner bientôt. _____

b) Indique si les verbes sont conjugués à un temps simple ou à un temps composé.

Activité 46   Qu'est-ce que la conjugaison du verbe ?   Le petit guide du 2ᵉ cycle   ☞ page 148

Définition

La conjugaison est l'**ensemble des formes que peut prendre le verbe.**

- Dans **un verbe conjugué,** il y a généralement **deux parties** :
  - **le radical** : la partie principale du verbe qui change très rarement ;
  - **la terminaison** : la partie qui change selon le mode, le temps et la personne grammaticale.

personne	radical	terminaison
▸ je	march	e
nous	march	erons

À l'aide d'un trait oblique, sépare le radical et la terminaison des verbes conjugués.

1. Élise finit de peindre un tableau.

2. Alexandre aimait aller au parc d'attractions.

3. Tu partiras quand tu le voudras.

4. Nous venions d'arriver.

5. Elles visitaient le musée.

6. Il répare la mangeoire des oiseaux.

7. Vous direz que vous venez de ma part.

8. J'avais trois biscuits au chocolat.

9. Les filles se rencontrent pour écouter un film.

10. Il ira à son rendez-vous chez le dentiste.

11. Vous bricolez.

12. Nous partirons dans quelques minutes.

Activité 47   Qu'est-ce que le présent de l'indicatif ?   Le petit guide du 2e cycle   ☞ page 150

☞ page 150

Définition

Le **présent de l'indicatif** est un temps de conjugaison du verbe. On l'utilise pour indiquer que l'action se déroule **au moment où l'on parle.**

▶ *Je parle, tu agis, Ève danse, nous jouons, vous chantez, les garçons chantent.*

Conjugue les verbes suivants au présent de l'indicatif.

Avoir	Être	Aimer
J'	Je	J'
Tu	Tu	Tu
Il, Elle	Il, Elle	Il, Elle
Nous	Nous	Nous
Vous	Vous	Vous
Ils, Elles	Ils, Elles	Ils, Elles

Finir	Partir	Venir
Je	Je	Je
Tu	Tu	Tu
Il, Elle	Il, Elle	Il, Elle
Nous	Nous	Nous
Vous	Vous	Vous
Ils, Elles	Ils, Elles	Ils, Elles

Activité 48   Qu'est-ce que l'imparfait de l'indicatif ?

Le petit guide du 2e cycle   ☞ page 154

Définition

L'imparfait de l'indicatif est un temps de conjugaison. On l'utilise pour indiquer qu'**une action a duré quelque temps dans le passé.**

▶ *Je vivais, tu étais, elle avait, il dormait, nous attendions, vous buviez, Julie et Carl souriaient.*

Conjugue les verbes suivants à l'imparfait de l'indicatif.

Avoir	Être	Aimer
J'	J'	J'
Tu	Tu	Tu
Il, Elle	Il, Elle	Il, Elle
Nous	Nous	Nous
Vous	Vous	Vous
Ils, Elles	Ils, Elles	Ils, Elles

Finir	Partir	Venir
Je	Je	Je
Tu	Tu	Tu
Il, Elle	Il, Elle	Il, Elle
Nous	Nous	Nous
Vous	Vous	Vous
Ils, Elles	Ils, Elles	Ils, Elles

Activité 49 — Qu'est-ce que le futur simple de l'indicatif ?

Le petit guide du 2ᵉ cycle ☞ page 158

Définition

Le **futur simple de l'indicatif** est un temps de conjugaison. On l'utilise pour indiquer qu'une action se déroulera **dans le futur,** après le moment où l'on parle.

▸ *Je travaillerai, tu saisiras, il servira, nous empêcherons, vous travaillerez, Anna et Carlos partiront.*

Conjugue les verbes suivants au futur simple de l'indicatif.

Avoir	Être	Aimer
J'	Je	J'
Tu	Tu	Tu
Il, Elle	Il, Elle	Il, Elle
Nous	Nous	Nous
Vous	Vous	Vous
Ils, Elles	Ils, Elles	Ils, Elles

Finir	Partir	Aller
Je	Je	J'
Tu	Tu	Tu
Il, Elle	Il, Elle	Il, Elle
Nous	Nous	Nous
Vous	Vous	Vous
Ils, Elles	Ils, Elles	Ils, Elles

Activité 50 Qu'est-ce que le conditionnel présent de l'indicatif ?

Le petit guide du 2ᵉ cycle ☞ page 160

Définition

Le **conditionnel présent de l'indicatif** est un temps de conjugaison.
On l'utilise pour indiquer **qu'une action dépend d'une condition.**

▶ *J'aimerais, tu irais, il finirait, elle pourrait, nous dirions, vous iriez,*
Tania et Akos partiraient.

Conjugue les verbes suivants au conditionnel présent de l'indicatif.

Avoir	Être	Aimer
J'	Je	J'
Tu	Tu	Tu
Il, Elle	Il, Elle	Il, Elle
Nous	Nous	Nous
Vous	Vous	Vous
Ils, Elles	Ils, Elles	Ils, Elles

Finir	Aller	Faire
Je	J'	Je
Tu	Tu	Tu
Il, Elle	Il, Elle	Il, Elle
Nous	Nous	Nous
Vous	Vous	Vous
Ils, Elles	Ils, Elles	Ils, Elles

Activité 51   Qu'est-ce que le participe présent ?   Le petit guide  ☞ pages 166 et 168
du 2ᵉ cycle
Qu'est-ce que le participe passé ?

Définitions

Le **participe présent** est un mode de conjugaison. Il indique **qu'une action se déroule en même temps qu'une autre.**

- Le verbe employé au participe présent est **invariable.**

  ▸ *Réparant son vélo, Carla s'est blessée à la main.*

- Parfois, le participe présent est précédé du mot **en.**

  ▸ *Louis s'endormait **en rêvant** de voyage.*

Le **participe passé** est un mode de conjugaison.

- Il sert à former les temps de conjugaison composés.

  ▸ *Nous avons **gagné** le tournoi.*
  *Nous sommes **partis** à midi.*

- Lorsque le participe passé est employé seul, il reçoit le genre et le nombre du nom qu'il complète.

  ▸ ***Couché** sur son petit lit, le **bébé** a l'air d'un ange.*
  ***Assise** sur un banc, **elle** regarde les gens.*

---

1. Lis les phrases suivantes. Souligne les participes présents et les participes passés.

- ① Elle chante en jouant du piano.
- ② J'écoute de la musique en faisant le ménage.
- ③ Nous avons mangé des fraises.
- ④ Finies les vacances !
- ⑤ J'ai adoré ce film.
- ⑥ Il siffle en travaillant.

2. Écris une phrase contenant un participe présent et une phrase contenant un participe passé.

① _____

_____

② _____

_____

Activité 52   Qu'est-ce que le passé composé de l'indicatif ?

Le petit guide du 2ᵉ cycle ☞ page 152

Définition

Le **passé composé de l'indicatif** est un temps de conjugaison. On l'utilise pour indiquer qu'une action s'est déroulée **dans le passé.**

▸ *J'ai dormi, tu as couru, elle est partie, nous sommes allés.*

Explication

Le passé composé est formé de **deux mots** :

- le premier mot est le verbe *avoir* ou le verbe *être* conjugué au présent de l'indicatif ;

- le second mot est le participe passé du verbe principal.

	verbe *avoir*	participe passé	
▸ J'	ai	couru	un kilomètre.

	verbe *être*	participe passé	
▸ Je	suis	arrivée	la première.

Conjugue les verbes suivants au passé composé de l'indicatif.

Avoir	Être	Aimer
J'	J'	J'
Tu	Tu	Tu
Il, Elle	Il, Elle	Il, Elle
Nous	Nous	Nous
Vous	Vous	Vous
Ils, Elles	Ils, Elles	Ils, Elles

Finir	Dire	Faire
J'	J'	J'
Tu	Tu	Tu
Il, Elle	Il, Elle	Il, Elle
Nous	Nous	Nous
Vous	Vous	Vous
Ils, Elles	Ils, Elles	Ils, Elles

Activité 53 Qu'est-ce que le présent du subjonctif ? Le petit guide du 2e cycle  ☞ page 162

Définition

Le **présent du subjonctif** est un temps de conjugaison du verbe. On l'utilise pour indiquer **qu'un fait présent ou futur est dans la pensée d'une personne.**

- Il exprime un souhait, une déception, une obligation.

  ▸ *Hugo souhaite **que tu gagnes** le tournoi de badminton.*
  *Anne est déçue **que nous soyons** en retard.*
  *Il faut **qu'elle parte.***

Conjugue les verbes suivants au présent du subjonctif.

Avoir	Être	Aimer
Que j'	Que je	Que j'
Que tu	Que tu	Que tu
Qu'il, elle	Qu'il, elle	Qu'il, elle
Que nous	Que nous	Que nous
Que vous	Que vous	Que vous
Qu'ils, elles	Qu'ils, elles	Qu'ils, elles

Finir	Dire	Faire
Que je	Que je	Que je
Que tu	Que tu	Que tu
Qu'il, elle	Qu'il, elle	Qu'il, elle
Que nous	Que nous	Que nous
Que vous	Que vous	Que vous
Qu'ils, elles	Qu'ils, elles	Qu'ils, elles

Activité 54   Qu'est-ce que le présent de l'impératif ?   Le petit guide du 2ᵉ cycle   ☞ page 164

Définition

Le **présent de l'impératif** est un temps de conjugaison. Il est utilisé **pour formuler un ordre, un conseil, un souhait.**

- Le sujet du verbe conjugué au présent de l'impératif est sous-entendu, il n'est pas énoncé.

- Le verbe au présent de l'impératif ne se conjugue qu'à trois personnes grammaticales :
  - la 2ᵉ personne du singulier   ▸ *Bouge un peu.*
  - la 1ʳᵉ personne du pluriel   ▸ *Laissons-le tranquille.*
  - la 2ᵉ personne du pluriel   ▸ *Soyez prêts à intervenir.*

Complète les phrases suivantes. Conjugue chaque verbe au présent de l'impératif à la personne demandée.

1. (Aller, 2ᵉ pers. du sing.) _____ à la bibliothèque.

2. (Finir, 1ʳᵉ pers. du plur.) _____ rapidement.

3. (Avoir, 2ᵉ pers. du sing.) _____ du courage.

4. (Remettre, 2ᵉ pers. du plur.) _____-moi vos travaux.

5. (Dire, 2ᵉ pers. du plur.) _____-le clairement.

6. (Arriver, 2ᵉ pers. du plur.) _____ le plus tôt possible.

7. (Tenir, 1ʳᵉ pers. du plur.) _____-nous par la main.

8. (Faire, 2ᵉ pers. du plur.) _____ de votre mieux.

9. (Être, 2ᵉ pers. du sing.) _____ prudent.

10. (Partir, 2ᵉ pers. du sing.) _____ avant qu'il ne soit trop tard.

11. (Avoir, 1ʳᵉ pers. du plur.) _____ du plaisir en travaillant.

Activité 55 Qu'est-ce que le groupe du nom (GN) ? (nom ou pronom)

Le petit guide du 2ᵉ cycle ☞ page 178

Définition

Le **groupe du nom (GN)** est un groupe de mots qui **contient au moins un nom ou un pronom.**

• Le **nom** est le **noyau** du groupe du nom.

• Le groupe du nom peut ne contenir que le nom.

  ▸ **Yannie** *collectionne les timbres.*

• Le pronom remplace le nom ; il peut donc être le noyau d'un groupe du nom.

  ▸ *Il préfère* **celui-ci.**

a) Lis les phrases suivantes et souligne les groupes du nom.

1. <u>Papa</u> revient bientôt. un nom commun _____

2. Nous sommes silencieux. _____

3. Tu joues mieux. _____

4. Tania danse. _____

5. Françoise chante bien. _____

6. Je lis beaucoup. _____

7. Noiraud dort. _____

8. Elles visitent Québec. _____

9. Germain retourne chez lui. _____

10. Suzette accueille Mélanie. _____

b) Pour chaque groupe du nom (GN), indique s'il est formé d'un nom commun, d'un nom propre ou d'un pronom.

Activité 56 Qu'est-ce que le groupe du nom (GN) ? Le petit guide du 2ᵉ cycle ☞ page 180
(déterminant + nom)

Définition

Le **groupe du nom (GN)** est un groupe de mots qui **contient au moins un nom ou un pronom.**

- Le **nom** forme le **noyau** du groupe du nom.
- Le groupe du nom peut être formé d'un déterminant et d'un nom.
  ▸ *Le zèbre galope dans la savane.*

a) Lis les phrases suivantes et souligne les groupes du nom.

1 Le chat dort encore.

_____

2 Il est fatigué.

_____

3 Ce chat a chassé les souris aujourd'hui.

_____

4 Elles craignent Grisou.

_____

5 Elles se sont cachées dans les champs.

_____

6 Maintenant, le chasseur se repose.

_____

b) Encercle le noyau des GN que tu as soulignés.

c) Pour chaque groupe du nom (GN), indique s'il est formé d'un déterminant et d'un nom commun, d'un nom propre ou d'un pronom.

Activité 57 Comment accorder les mots
dans le groupe du nom
(déterminant + nom)

Le petit guide
du 2ᵉ cycle ☞ page 184

> **Règle**
>
> Le **déterminant** qui accompagne le nom **reçoit le genre et le nombre du nom.**
>
> ▶ **La** remise est grande.   **Les** chevaux galopent.
>   fém. sing.   masc. plur.

a) Observe les déterminants inscrits dans les bulles.

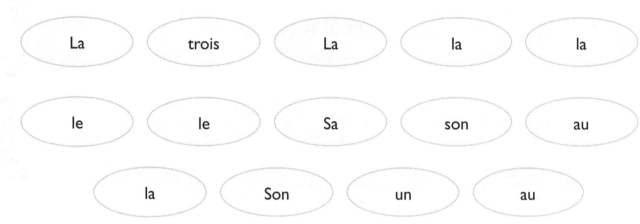

La	trois	La	la	la
le	le	Sa	son	au
	la	Son	un	au	

b) Parmi ces déterminants, choisis ceux qui conviennent pour compléter
les phrases suivantes.

La Terre

1 _____ Terre est faite de _____ parties.

2 _____ première partie est _____ croûte
terrestre.

3 Vient ensuite _____ manteau, puis _____ noyau.

4 On peut comparer _____ Terre à _____ œuf.

5 _____ croûte est semblable à _____ coquille
de l'œuf.

6 _____ manteau est comparable _____ blanc
de l'œuf.

7 Enfin, _____ noyau est comparable _____ jaune
de l'œuf.

Activité 58 Qu'est-ce que le groupe du nom (GN) ?
(déterminant + nom + adjectif)
(déterminant + adjectif + nom)

Le petit guide du 2ᵉ cycle ☞ page 182

Définition

Le **groupe du nom (GN)** est un groupe de mots qui **contient au moins un nom ou un pronom.**

• Le **nom** est le **noyau** du groupe du nom.

• Le groupe du nom peut être formé d'un déterminant, d'un nom et d'un adjectif.

  ▸ *Un tournoi régional* se déroule *au parc municipal.*

• Le groupe du nom peut être formé d'un déterminant, d'un adjectif et d'un nom.

  ▸ *C'était une agréable journée.*

---

a) Lis les phrases suivantes et souligne les groupes du nom.

① Un gros nuage flotte dans le ciel.

_____

② Les garçons ont joué leur meilleure partie.

_____

③ Louison est une joueuse remarquable.

_____

④ Une sorcière moqueuse s'amuse à jouer des tours.

_____

b) Encercle le noyau des GN que tu as soulignés.

c) Pour chaque groupe du nom (GN), indique s'il est formé :
• d'un déterminant et d'un nom commun
• d'un déterminant, d'un nom commun et d'un adjectif
• d'un déterminant, d'un adjectif et d'un nom commun
• d'un nom propre
• d'un pronom

Activité 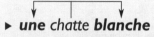   Comment accorder les mots   Le petit guide 📖   ☞ page 186
dans le groupe du nom (déterminant +   du 2ᵉ cycle
nom + adjectif) (déterminant + adjectif + nom)

Règle

Le **déterminant** et l'**adjectif** qui accompagnent le nom **reçoivent le genre**
et le nombre du nom.

▶ **une** *chatte* **blanche**   **mes** *chevaux* **préférés**

  fém. sing.   masc. plur.

Parmi les déterminants et les adjectifs entre parenthèses, choisis ceux qui conviennent
pour compléter les groupes du nom suivants.

1 (l', le) _____ oiseau (bleu, bleue) _____

2 (un, une) _____ hirondelle à queue (fourchu, fourchue)

_____

3 (les, la) _____ bécassines à plumage (rayé, rayée) _____

4 (un, une) _____ perdrix (gris, grise) _____

5 (la, les) _____ pattes (palmée, palmées) _____
du canard

6 (un, trois) _____ geais (bleue, bleus) _____

7 (ces, cette) _____ tourterelles (triste, tristes) _____

8 (un, une) _____ (petit, petite) _____ colibri

9 (c'est, ces) _____ corneilles (criarde, criardes) _____

10 (une, des) _____ aigles aux serres (puissante, puissantes)

_____

11 (le, les) _____ bec (pointu, pointus) _____ des huards

12 (la, les) _____ couleurs (chatoyante, chatoyantes)

_____ du paon

13 (l', les) _____ oiseaux (chanteur, chanteurs) _____

Activité 60

Comment accorder les mots dans le groupe du nom (déterminant + nom + participe passé employé comme un adjectif)

Le petit guide du 2ᵉ cycle   ☞ pages 168 et 188

Règle

Lorsque le participe passé est employé seul, il reçoit le genre et le nombre du nom ou du pronom qu'il complète.

▸ ***Assise*** *sur un banc,* ***elle*** *regarde les gens.*

• Le **déterminant** et le **participe passé employé comme un adjectif** qui complète un nom **reçoivent le genre et le nombre du nom.**

▸ ***des*** *exercices* ***répétés***
   masc. plur.

la *maison* ***éclairée***
   fém. sing.

Complète les phrases suivantes. Accorde les participes passés entre parenthèses avec les noms qu'ils complètent.

1. La joueuse (caché) _____ ne doit pas parler.

2. Les policiers ont trouvé les voleurs (recherché) _____.

3. Il se cachait à l'intérieur d'un hangar (abandonné) _____.

4. C'est une branche (greffé) _____ au tronc de cet arbre.

5. Le coyote (pris) _____ au piège ne chassera plus les poules.

6. Les fruits (mûri) _____ au soleil sont meilleurs.

7. Des lettres (tracé) _____ à l'encre noire révélaient son secret.

8. Une pâte à pain longuement (pétri) _____ lève plus facilement.

9. Les élèves (récompensé) _____ semblent très heureux.

10. Tous les cadeaux (reçu) _____ ont été appréciés.

11. Au zoo, Léonie a vu des lions (endormi) _____.

Activité 61   Construire des groupes du nom   Le petit guide
du 2e cycle   ☞ pages 178 et 180

1. Complète les phrases suivantes.

a) Découpe les groupes du nom (GN) que tu trouveras à la page 89 de ton cahier.

b) Choisis celui qui convient pour chacune des phrases.

c) Colle chaque groupe du nom au bon endroit.

1 | Elles | s'amusent avec ses amies.

2 | | jouons tous ensemble au soccer.

3 | | fermez la porte.

4 | | ira à la pêche demain.

5   Les amies de | | viendront jouer à la maison.

2. Complète les phrases suivantes.

a) Découpe les groupes du nom (GN) que tu trouveras à la page 89 de ton cahier.

b) Choisis ceux qui conviennent pour compléter les phrases.

c) Colle chaque groupe du nom au bon endroit.

1 | Le chat | poursuit | la souris | .

2 | | joue au volley-ball.

3 | | sont | | .

4 | | cultive | | .

5 | | est | | que je préfère.

Activité 62 Construire des groupes du nom

Le petit guide
du 2ᵉ cycle

☞ page 182

1. Complète les phrases suivantes.

   a) Découpe les mots que tu trouveras à la page 89 de ton cahier.

   b) À l'aide de ces mots, construis des groupes du nom (GN) formés d'un déterminant, d'un nom et d'un adjectif.

   c) Colle chaque groupe du nom au bon endroit.

   1 ┆ Une sorcière moqueuse ┆ s'amuse à jouer des tours.

   2 Vous avez bien mérité ┆ ┆.

   3 ┆ ┆ ronronne sur le divan.

   4 Je prendrais ┆ ┆
   pour me désaltérer.

2. Complète les phrases suivantes.

   a) Découpe les mots que tu trouveras à la page 91 de ton cahier.

   b) À l'aide de ces mots, construis des groupes du nom (GN) formés d'un déterminant, d'un nom et d'un adjectif.

   c) Colle chaque groupe du nom au bon endroit.

   1 ┆ Un gros crocodile ┆ montre ses dents.

   2 ┆ ┆ est très dure.

   3 ┆ ┆ rebondissent partout.

   4 ┆ ┆ est très serviable.

   5 ┆ ┆ font des culbutes.

   6 Nous avons bu ┆ ┆.

Activité 63 Qu'est-ce que le groupe du verbe (GV) ?

Le petit guide du 2ᵉ cycle ☞ page 190

Définition

Le **groupe du verbe (GV)** est un groupe de mots qui **contient un verbe**.

• Le **verbe** est le **noyau** du groupe du verbe.

GV
▸ Cédric ***participe*** *à un tournoi régional.*

GV
*Le zèbre **galope**.*

Lis le texte suivant et souligne le noyau de chacun des groupes du verbe (GV) en caractères gras.

Une invention géniale

La bicyclette **est une invention géniale.** Tout d'abord, il y **a un cadre.** Ce cadre **comporte une fourche avant et une fourche arrière.** Les fourches **retiennent les roues.** Un pneu de caoutchouc **entoure la jante de la roue.** Un pédalier et une chaîne **actionnent la roue arrière.** La selle **sert de siège au cycliste.** Un guidon **commande la roue directrice avant.** Entre les rayons de la roue, le cycliste **installe un réflecteur latéral.** C'est plus sécuritaire. Le cycliste **installe également un réflecteur blanc à l'avant et un réflecteur rouge à l'arrière.** Le soir, la lumière des feux des voitures **réfléchit sur les réflecteurs.** Ainsi, la personne au volant d'une voiture **voit la bicyclette.**

Dans certains pays, la bicyclette **ne sert pas uniquement à la promenade.** C'est un moyen de transport indispensable.** La bicyclette **est plus écologique que l'automobile.** De plus, elle **contribue au maintien de la forme physique.** Il y **a des dizaines de modèles.** J'aime beaucoup ma bicyclette.** C'est vraiment une invention géniale.**

Activité 64   Qu'est-ce que le groupe sujet
du verbe (GS) ?

Le petit guide
du 2ᵉ cycle   ☞ page 194

Définition

Le **groupe sujet (GS)** du verbe peut être **un groupe du nom** ou un **pronom.**

Il indique la personne, l'animal ou la chose qui fait l'action.

▸ *Rachel ira au cinéma ce soir.*   *Elle ira au cinéma ce soir.*

• Le GS ne peut pas être effacé.

  ▸ *~~Elle~~ ira au cinéma ce soir.*

• Le GS peut être encadré par l'expression « *C'est … qui…* » ou « *Ce sont … qui…* ».

  ▸ *C'est Rachel **qui** ira au cinéma ce soir.*

---

1. Lis les phrases suivantes et souligne les groupes du nom sujets.

① Sandrine amuse le bébé.   ④ Hugo joue de la guitare.

② Le bébé pousse de petits cris.   ⑤ Deux chiens courent dans les champs.

③ Ma cousine me téléphonera ce soir. ⑥ Le petit chat se réveille et s'étire.

2. Récris ces phrases en remplaçant chaque groupe du nom sujet par le pronom équivalent.

① _____

② _____

③ _____

④ _____

⑤ _____

⑥ _____

Activité 65   Comment accorde-t-on le verbe avec son groupe du nom sujet ?

Le petit guide du 2ᵉ cycle   ☞ page 196

Explication

Pour accorder le verbe avec son groupe du nom sujet, on doit :

- repérer le groupe du nom sujet ;
- déterminer la personne grammaticale du groupe du nom sujet. Un groupe sujet dont le noyau est un nom est toujours à la 3ᵉ personne ;
- déterminer le nombre du groupe du nom sujet : singulier ou pluriel.

> *Les pommes **sont** rouges.*
> 1) Le groupe sujet est *Les pommes.* C'est un groupe du nom.
> 2) Je peux remplacer *Les pommes* par le pronom *Elles.*
> 3) Le pronom *Elles* est un pronom à la 3ᵉ personne du pluriel.
> 4) Le verbe se conjugue donc à la 3ᵉ personne du pluriel : *sont.*

Complète les phrases suivantes. Conjugue les verbes entre parenthèses au présent de l'indicatif et accorde-les avec leurs groupes du nom sujets.

1. Les hommes (avoir) _____ une voix grave.

2. La voix d'une femme (être) _____ plus aiguë.

3. Les cheveux (devenir) _____ blancs quand on vieillit.

4. Mon oncle Henri (habiter) _____ à la campagne.

5. Une fusée (décoller) _____ vers le ciel.

6. Deux souris (trottiner) _____ dans le grenier.

7. Le musée (fermer) _____ ses portes à 16 heures.

8. Une passante (traverser) _____ la rue.

9. Des ouvriers (travailler) _____ sur le chantier.

10. Mon cousin (venir) _____ d'arriver.

11. L'autobus (arriver) _____ de Québec.

12. Les enfants (faire) _____ des châteaux forts.

Activité 66 Comment accorde-t-on le verbe avec le pronom sujet ?

Le petit guide du 2ᵉ cycle ☞ page 198

Explication

Pour **accorder le verbe avec son pronom sujet,** on doit :

- repérer le pronom sujet ;
- déterminer la personne grammaticale du pronom ;
- déterminer le nombre du pronom sujet : singulier ou pluriel.

> ▸ *Vous écoutez le chant du merle d'Amérique.*
> 1) Le pronom sujet est *Vous.*
> 2) Le pronom est à la 2ᵉ personne.
> 3) Le pronom est au pluriel.
> 4) Le verbe se conjugue donc à la 2ᵉ personne du pluriel : *écoutez.*

Complète les phrases suivantes. Conjugue les verbes entre parenthèses au présent de l'indicatif et accorde-les avec leurs pronoms sujets.

1 Je (être) _____ de retour de vacances.

2 Tu (avoir) _____ de belles joues rouges.

3 Il (aimer) _____ se promener dans la forêt.

4 Elle (finir) _____ son bricolage.

5 Nous (partir) _____ pour le chalet.

6 (Venir) _____-vous faire une promenade à vélo ?

7 Ils (aller) _____ à la piscine municipale.

8 Elles (faire) _____ un drôle de mélange avec du sable et de l'eau.

9 Il (rendre) _____ le livre qu'il a emprunté à la bibliothèque.

10 Elle (battre) _____ les œufs pour faire une omelette.

11 Tu (être) _____ la meilleure athlète de ton groupe.

Activité  Comment accorde-t-on le verbe avec son groupe du nom sujet transformé en pronom ?

Le petit guide du 2ᵉ cycle ☞ page 198

> **Explication**

Pour **accorder le verbe avec son groupe du nom sujet transformé en pronom,** on doit :

- repérer le groupe du nom sujet ;
- déterminer la personne grammaticale du groupe du nom sujet : un groupe sujet dont le noyau est un nom est toujours à la troisième personne ;
- déterminer le nombre du groupe du nom sujet : singulier ou pluriel.

> ► *Les pommes **sont** rouges.*   *Elles **sont** rouges.*
> *La pomme **est** rouge.*   *Elle **est** rouge.*

Écris les phrases suivantes en remplaçant les groupes du nom sujets par les pronoms équivalents. Conjugue les verbes entre parenthèses au présent de l'indicatif et accorde-les avec leurs pronoms sujets.

1 Maxime, Sarah et Vincent (participer) au tournoi de ping-pong.

_____

2 Sarah (vouloir) prendre sa revanche contre le gagnant.

_____

3 Toi et moi (assister) au match dans les gradins.

_____

4 Toi et Claudia (souhaiter) la victoire de Maxime.

_____

5 Véronique et Julie (préférer) que Sarah remporte le tournoi.

_____

Nom : _____ Date : _____

Activité 68   Comment accorde-t-on le verbe séparé de son groupe sujet ?

Le petit guide du 2ᵉ cycle   ☞ pages 196 à 198

Explication

Il arrive que le verbe soit séparé de son groupe sujet (GS) par des mots ou des groupes de mots.

Il faut porter attention pour repérer correctement le groupe sujet (GS).

Le **verbe s'accorde toujours** en personne et en nombre **avec son groupe sujet (GS).**

▶ *Je* te l'*avais* bien dit.

a) Souligne les groupes sujets des verbes entre parenthèses.

1. Je vous (aimer) beaucoup.

2. Tu lui (prêter) une bande dessinée.

3. La chatte leur (donner) la tétée.

4. Son chien me (rapporter) la balle.

5. Vous nous (faire) un très grand plaisir.

6. Grand-maman nous (recevoir) pour le dîner.

b) Écris les phrases. Conjugue chaque verbe au présent de l'indicatif et accorde-le avec son groupe sujet.

1. _____

2. _____

3. _____

4. _____

5. _____

6. _____

68   soixante-huit

© **Éditions HRW** ▪ Merci de ne pas photocopier

Activité 69   Qu'est-ce qu'une phrase ?

Le petit guide du 2ᵉ cycle   ☞ page 202

> ### Définition
>
> Une **phrase** est **une suite de mots qui a du sens.**
> - Les mots de la phrase sont ordonnés et forment un tout.
> - Une phrase commence par une lettre majuscule et se termine par un point.
>   - ▸ *Paulette aimerait avoir un chat.*
>   - ** Chat un Paulette avoir aimerait.*

a) Lis le texte suivant.

Le train

un long convoi roule sur la voie ferrée les wagons sont tellement nombreux
qu'il faut trois locomotives pour les tirer Philippe aime beaucoup regarder passer
les trains il s'imagine partir en voyage il aimerait se rendre à l'autre bout du pays
Philippe dit que plus tard, quand il sera grand, il conduira une locomotive lui aussi

b) Récris le texte en ajoutant des lettres majuscules et des points aux endroits
nécessaires afin de former six phrases.

_____

_____

_____

_____

_____

_____

_____

_____

_____

_____

_____

Activité 70 Quels sont les groupes obligatoires de la phrase ?

Le petit guide du 2e cycle ☞ page 204

Explication

Les **groupes obligatoires de la phrase** sont le **groupe sujet (GS)** et le **groupe du verbe (GV).**

      (GS)   (GV)
▸ *La corneille noire / n'est pas le plus beau des oiseaux.*

   (GS)   (GV)
▸ *David / préfère le merle d'Amérique.*

   (GS)   (GV)
▸ *Nous / admirons un chardonneret.*

En plus du groupe sujet et du groupe du verbe, une phrase peut contenir un groupe qui n'est pas obligatoire : le **complément de phrase (CP).**

Construis des phrases.

a) Découpe les groupes sujets et les groupes du verbe que tu trouveras à la page 91 de ton cahier.

b) Choisis le groupe sujet (GS) et le groupe du verbe (GV) qui conviennent pour construire cinq phrases qui ont du sens.
Observe l'exemple qui t'est donné.

c) Colle-les ci-dessous.

	Groupes sujets (GS)	Groupes du verbe (GV)
1	Une grenouille	coasse au bord du ruisseau.
2		
3		
4		
5		
6		

Activité 71 Qu'est-ce qu'une phrase déclarative ? Le petit guide du 2ᵉ cycle ☞ page 206

Définition

Une **phrase déclarative** est une phrase dont on se sert pour **déclarer une chose** : affirmer un fait, donner une information, exprimer une opinion.

▸ *Le tigre est un félin.*
Charles est le plus gentil des garçons de la classe.

• Une phrase déclarative commence par une lettre majuscule et se termine par un point (.).

a) Lis le texte suivant.

Un bon film

Connais-tu un bon film ? Un bon film raconte de belles aventures. Préfères-tu les histoires de cowboys ou les histoires d'astronautes ? Tu apprécies sûrement plus les histoires modernes. Aimes-tu les films sur les animaux ? C'est si beau ! Sais-tu ce que je préfère ? Je préfère les films drôles. J'aime beaucoup rire. J'aime aussi les films de science-fiction. Et toi ?

b) Souligne les cinq phrases déclaratives dans le texte.

c) Écris trois phrases déclaratives sur un film que tu aimes.
Relis la définition de la phrase déclarative ci-dessus avant de commencer.

1 _____

_____

2 _____

_____

3 _____

_____

Activité 72   Qu'est-ce qu'une phrase interrogative ?   Le petit guide du 2ᵉ cycle   ☞ page 208

Définition

Une **phrase interrogative** est une phrase qui **sert à poser une question.**

- Il existe plusieurs façons de formuler une question.
  On utilise souvent un ou des mots interrogatifs.

  ▸ *Julie* **regarde-t-elle** *Jérôme ?*
    Qui *Julie regarde-t-elle ?*
    Pourquoi *Julie regarde-t-elle Jérôme ?*

- Une phrase interrogative commence par une lettre majuscule
  et se termine toujours par un point d'interrogation (**?**).

---

a) Lis le texte suivant.

Un avion

As-tu déjà observé un avion ? Pour voler, un avion doit comporter des éléments essentiels. Sais-tu lesquels ? Tout d'abord, un moteur et parfois plusieurs. Puis aussi des ailes. Plus l'avion est gros, plus les ailes doivent être longues. Comment le pilote fait-il pour diriger l'avion ? Il le fait à l'aide du gouvernail. En plus, il y a des ailerons. Ils sont situés sur les ailes : ils sont mobiles. Sais-tu à quoi ils servent ? Ils permettent à l'avion de monter ou de descendre. Aimerais-tu être pilote d'avion ?

b) Souligne les cinq phrases interrogatives dans le texte.

c) Écris deux phrases interrogatives.
  Relis la définition de la phrase interrogative ci-dessus avant de commencer.

1 _____

_____

2 _____

_____

Activité 73   Qu'est-ce qu'une phrase exclamative ?   Le petit guide du 2ᵉ cycle   ☞ page 210

Définition

Une **phrase exclamative** est une phrase qui **exprime un sentiment ou une émotion.**

- Elle commence généralement par un mot exclamatif.

  ▶ ***Comme** le ciel est bleu* **!**

- Même si une phrase exclamative ne contient pas de verbe, il s'agit bien d'une phrase, car elle exprime une idée complète.

  ▶ ***Quelle** belle chanson* **!**

- Une phrase exclamative commence par une lettre majuscule et se termine toujours par un point d'exclamation (**!**).

---

a) Lis le texte suivant.

Une journée à la cabane à sucre

Quelle journée magnifique ! Le soleil réchauffe les érables et fait couler la sève. Une fois ramassée, la sève sera bouillie pour en faire du sirop. Quel délice ! On en mange avec les œufs, les grillades et les crêpes. Que de bonnes choses à manger ! Quel festin ! Ce sera un repas inoubliable.

b) Souligne les quatre phrases exclamatives dans le texte.

c) Écris deux phrases exclamatives.

① _____

_____

② _____

_____

Activité 74   Qu'est-ce qu'une phrase impérative ?

Le petit guide
du 2ᵉ cycle   ☞ page 212

Définition

Une phrase impérative est une phrase qui **sert à donner un conseil, un ordre ou une consigne.**

- Au mode impératif, le verbe se conjugue uniquement à la 2ᵉ personne du singulier, à la 1ʳᵉ personne du pluriel ou à la 2ᵉ personne du pluriel.

- Le groupe sujet de la phrase impérative est sous-entendu.
  - ▶ *Cherche encore.*
  - ▶ *Venez ici.*

- La phrase impérative commence par une lettre majuscule et se termine par un point (.) ou par un point d'exclamation (!).

Lis les phrases suivantes et souligne les phrases impératives.

1   Téléphone à Pierre-Luc.

2   Enveloppez ce paquet. C'est pour offrir en cadeau.

3   Faut-il être de retour pour 4 heures ?

4   Arrivez tôt. Nous pourrons profiter du beau temps.

5   Marchons encore un peu. Nous ferons une pause plus tard.

6   Bois ton lait. Tu auras de bons os.

7   Gardez silence !

8   L'entraîneur nous disait de garder silence.

9   Faites attention ! Le chien est dangereux.

10   Mon perroquet répète toujours la même chose.

Activité 75   Qu'est-ce qu'une phrase positive ?
Qu'est-ce qu'une phrase négative ?

Le petit guide du 2ᵉ cycle   ☞ page 214

Définitions

Une **phrase positive** sert à dire qu'une personne, qu'un animal, qu'une chose, qu'une action ou qu'un sentiment **existe**.

▸ *C'est Marie. Elle a un petit chat. Nous courons.*

Une **phrase négative** est une phrase qui **contient au moins un mot de négation.** Elle sert à dire qu'une personne, qu'un animal, qu'une chose, qu'une action ou qu'un sentiment **n'existe pas.**

▸ *Je n'ai **pas** vu Simon. Il **n'**y avait **personne.***

Les phrases déclaratives, interrogatives, exclamatives et impératives peuvent être positives ou négatives.

a) Lis les phrases suivantes et souligne les mots de négation.

1 Je n'aime pas l'hiver. _____

2 J'adore le printemps. _____

3 L'été est ma saison préférée. _____

4 Faut-il être là à 3 heures ? _____

5 Marilou n'attend personne. _____

6 Anne-Marie ne regarde plus la télévision. _____

7 Tu ne parles jamais en classe. _____

8 Il ne pleut plus. _____

9 Vous êtes toujours à l'heure. _____

10 Élyse ne voyait rien autour d'elle. _____

b) Pour chaque phrase, indique s'il s'agit d'une phrase positive ou d'une phrase négative.

Activité 76 Quel est le rôle de la virgule dans une énumération ?

Le petit guide du 2e cycle  ☞ page 218

Explication

La **virgule** est un signe de ponctuation utilisé **pour séparer les éléments d'une énumération** qui ont la même fonction à l'intérieur d'une phrase.

▶ *Pierre, Jean et Jacques viendront demain.*

(Groupes du nom sujets)

▶ *Ce spectacle était grandiose, fabuleux, extraordinaire.*

(Adjectifs complétant le nom spectacle.)

▶ *Jacob s'est préparé, est parti, est revenu et est reparti.*

(Groupes du verbe)

1. Lis les phrases suivantes et souligne les énumérations.

1. Mon chat, mon chien et ma perruche sont mes animaux préférés.

2. Quand je reviens à la maison, mon chien m'accueille en sautant, en jappant et en tournant autour de moi.

3. Mon chat est le plus gentil, le plus doux, le plus beau des chats.

4. Chatonne, Noiraud et Turlutte sont les noms de mes animaux.

5. Mon chien est un Saint-Bernard calme, affectueux et fidèle.

2. Rédige trois phrases contenant des énumérations.

1. _____

_____

2. _____

_____

3. _____

_____

Activité 77   Quand doit-on isoler ou encadrer un mot ou un groupe de mots ?

Le petit guide du 2ᵉ cycle   ☞ page 220

Explication

Un mot ou un groupe de mots **complément de phrase (CP)** doit être isolé à l'aide d'une virgule lorsqu'il est déplacé au début de la phrase.

▸ *Il a plu* **hier.**   ⟶   **Hier,** *il a plu.*

Un mot ou un groupe de mots **complément de phrase** doit être encadré de virgules lorsqu'il est déplacé entre le groupe sujet et le groupe du verbe.

▸ *Marie a attendu* **toute la journée** *que cesse la pluie.*

▸ *Marie,* **toute la journée,** *a attendu que cesse la pluie.*

---

1. À l'aide d'une virgule, isole les mots ou les groupes de mots qui ont été placés au début de la phrase.

   1 Demain je retournerai jouer au parc.

   2 Lucie reçoit ses amis ce soir.

   3 Chaque été nous allons en Gaspésie.

   4 Ce soir Lucie reçoit ses amis.

   5 Faut-il vous l'envelopper ?

   6 Le match s'est terminé 3-0.

   7 Hier nous avons perdu.

   8 J'irai au cinéma samedi.

2. À l'aide de virgules, encadre les mots ou les groupes de mots qui ont été déplacés entre le groupe sujet et le groupe du verbe.

   1 Jérémie disputera un match de hockey demain.

   Jérémie demain disputera un match de hockey.

   2 Claudia répète sa chorégraphie tous les soirs.

   Claudia tous les soirs répète sa chorégraphie.

Activité 78   Quel est le rôle du point, du point d'interrogation et du point d'exclamation ?

Le petit guide du 2e cycle   ☞ page 216

Définitions

Le **point** est le signe de ponctuation qui **termine la phrase déclarative,** celle qui sert à affirmer un fait.

▸ *Myriam patine sur la piste.*

Le **point d'interrogation** est le signe de ponctuation qui **termine la phrase interrogative,** celle qui sert à poser une question.

▸ *Est-ce que Myriam patine sur la piste ?*

Le **point d'exclamation** est le signe de ponctuation qui **termine la phrase exclamative,** celle qui sert à exprimer un sentiment ou une émotion.

▸ *Quelle bonne patineuse !*

• Le point d'exclamation peut aussi terminer une phrase impérative.

▸ *Patine avec passion !*

1. Ajoute le signe de ponctuation qui convient à la fin de chacune des phrases suivantes.

1. À quelle heure partez-vous
2. J'aime faire du camping
3. Quelle plage magnifique
4. Dépêche-toi
5. Courez le plus vite possible

6. Comme le ciel est bleu
7. Le ciel est bleu ce matin
8. Pourquoi le ciel est-il bleu
9. Il fait beau ce matin
10. Que désirez-vous

2. Écris une phrase qui se termine par un point d'interrogation et une phrase qui se termine par un point d'exclamation.

1. _____

_____

2. _____

_____

Activité 79 Quelles finales doit-on utiliser pour accorder les verbes avec le pronom sujet *Je* ?

Le petit guide du 2ᵉ cycle ☞ pages 246 à 259

Règle

Tous les verbes qui s'accordent avec le pronom sujet *Je* se terminent par **-e, -s, -ai** ou **-x**.

Conjugue chacun des verbes entre parenthèses au temps demandé et accorde-le avec son pronom sujet *Je*.

1 (avoir, présent de l'indicatif) J'_____ le dernier disque compact de mon groupe préféré.

2 (être, imparfait de l'indicatif) J'_____ heureuse de ma victoire.

3 (finir, futur simple de l'indicatif) Je _____ mon travail dans cinq minutes.

4 (faire, conditionnel présent de l'indicatif) Je _____ une randonnée en forêt.

5 (dire, présent de l'indicatif) Je _____ que tu devrais essayer encore.

6 (voir, imparfait de l'indicatif) Je _____ des gens circuler à bicyclette.

7 (aller, passé composé de l'indicatif) Je _____ au théâtre hier soir.

8 (recevoir, présent de l'indicatif) Je _____ toujours un livre à mon anniversaire.

9 (aimer, futur simple de l'indicatif) J'_____ toujours aller au cinéma.

10 (dire, subjonctif présent) Veux-tu que je _____ ce que je sais ?

11 (finir, subjonctif présent) Il faut que je _____ ces exercices.

12 (aller, conditionnel présent de l'indicatif) J'_____ me baigner car il fait chaud.

13 (avoir, imparfait de l'indicatif) J'_____ une pomme pour ma collation.

14 (être, présent de l'indicatif) Je _____ la championne du saut en hauteur.

Activité 80

Quelles finales doit-on utiliser pour accorder les verbes avec le pronom sujet *Tu* ?

Le petit guide du 2ᵉ cycle ☞ pages 246 à 259

Règle

Tous les verbes qui s'accordent avec le pronom sujet *Tu* se terminent par **-s** ou par **-x**.

Conjugue chacun des verbes entre parenthèses au temps demandé et accorde-le avec son pronom sujet *Tu.*

1. (avoir, futur simple de l'indicatif) Tu _____ besoin de bons outils.

2. (être, imparfait de l'indicatif) Tu _____ fier de ton travail.

3. (Aimer, conditionnel présent de l'indicatif) _____-tu jouer au soccer ?

4. (dire, présent de l'indicatif) Tu _____ que tu as trouvé un trésor.

5. (pouvoir, présent de l'indicatif) Tu _____ finir ton dessin et venir jouer.

6. (voir, conditionnel présent de l'indicatif) Si tu n'étais pas myope, tu _____ mieux les objets éloignés.

7. (faire, passé composé de l'indicatif) Tu _____ semblant de te cacher.

8. (aller, imparfait de l'indicatif) Tu _____ chez ton oncle toutes les semaines.

9. (prendre, futur simple de l'indicatif) Tu _____ l'autobus 51.

10. (recevoir, passé composé de l'indicatif) Tu _____ tes amis hier.

11. (mettre, passé composé de l'indicatif) Tu _____ ton chandail rayé.

12. (Vouloir, présent de l'indicatif) _____-tu vraiment aller au parc ?

13. (recevoir, imparfait de l'indicatif) Tu _____ beaucoup de courrier.

14. (secouer, présent de l'indicatif) Tu _____ le tapis pour le nettoyer.

15. (Prendre, présent de l'indicatif) _____-tu toujours des vitamines ?

Activité 81 Quelles finales doit-on utiliser pour accorder les verbes avec les pronoms sujets *Il, Elle* ou *On* ?

Le petit guide du 2ᵉ cycle ☞ pages 246 à 259

> **Règle**
>
> Tous les verbes qui s'accordent avec les pronoms sujets *Il, Elle* ou *On* se terminent par *-a, -e, -d* ou *-t.*

Conjugue chacun des verbes entre parenthèses au temps demandé et accorde-le avec son pronom sujet *Il, Elle* ou *On.*

1. (finir, futur simple de l'indicatif) Il _____ de ranger sa chambre.

2. (aller, présent de l'indicatif) Il _____ à l'école de musique.

3. (prendre, présent de l'indicatif) On _____ le train.

4. (recevoir, imparfait de l'indicatif) Hier, elle _____ ses amis.

5. (partir, présent de l'indicatif) On _____ en voyage.

6. (grimper, présent de l'indicatif) Il _____ aux arbres.

7. (avoir, imparfait de l'indicatif) Il _____ peur dans le noir.

8. (être, conditionnel présent de l'indicatif) On _____ de bons amis.

9. (construire, présent de l'indicatif) Elle _____ de jolies maisons.

10. (bâtir, présent de l'indicatif) On _____ un gros édifice près de chez moi.

11. (aller, futur simple de l'indicatif) Il _____ vous rejoindre au parc.

12. (faire, imparfait de l'indicatif) Elle _____ un dessin.

Activité 82   Quelle finale doit-on utiliser pour accorder les verbes avec le pronom sujet **Nous** ?

Le petit guide du 2ᵉ cycle ☞ pages 246 à 259

Règle

En général, les verbes qui s'accordent avec le pronom sujet **Nous** se terminent par **-ons**.

Conjugue chacun des verbes entre parenthèses et accorde-le avec son pronom sujet **Nous.**

1. (recevoir, présent de l'indicatif) Nous _____ des amis ce soir.

2. (voir, futur simple de l'indicatif) Nous _____ mon cousin demain.

3. (prendre, imparfait de l'indicatif) Nous _____ de grands verres d'eau.

4. (battre, impératif présent, 1ʳᵉ pers. du pluriel) _____ les œufs vigoureusement.

5. (finir, futur simple de l'indicatif) Nous _____ bien par y arriver.

6. (avoir, imparfait de l'indicatif) Nous _____ besoin de faire une pause.

7. (être, futur simple de l'indicatif) Nous _____ présents à la rencontre.

8. (aller, imparfait de l'indicatif) Nous _____ nous promener à vélo.

9. (aller, conditionnel présent de l'indicatif) Nous _____ en forêt.

10. (dire, présent de l'indicatif) Nous _____ qu'il faut être prudent.

11. (faire, futur simple de l'indicatif) Nous _____ un château de sable.

12. (prendre, présent de l'indicatif) Nous _____ du repos.

Activité 83   Quelle finale doit-on utiliser pour accorder les verbes avec le pronom sujet *Vous* ?

Le petit guide du 2e cycle   ☞ pages 246 à 259

Règle

En général, les verbes qui s'accordent avec le pronom sujet *Vous* se terminent par **-ez.**

Conjugue chacun des verbes entre parenthèses au temps demandé et accorde-le avec son pronom sujet *Vous.*

1. (boire, présent de l'indicatif) Vous _____ pour vous désaltérer.

2. (devoir, imparfait de l'indicatif) Vous _____ être de retour hier.

3. (pouvoir, futur simple de l'indicatif) Vous _____ vous reposer.

4. (tenir, imparfait de l'indicatif) Vous _____ à la victoire.

5. (venir, futur simple de l'indicatif) J'espère que vous _____ chez moi.

6. (avoir, présent de l'indicatif) Vous _____ du courage.

7. (partir, futur simple de l'indicatif) Vous _____ pour l'école bientôt.

8. (couper, présent de l'indicatif) Vous _____ une pomme.

9. (aller, imparfait de l'indicatif) Tous les jours, vous _____ au parc.

10. (réparer, présent de l'indicatif) Vous _____ votre vélo.

11. (finir, subjonctif présent) J'espérais que vous _____ tôt.

12. (être, imparfait de l'indicatif) Vous _____ malades.

Activité 84

Quelle finale doit-on utiliser pour accorder les verbes avec les pronoms sujets **Ils** ou **Elles** ?

Le petit guide du 2ᵉ cycle ☞ pages 246 à 259

Règle

Tous les verbes qui s'accordent avec les pronoms sujets **Ils** ou **Elles** se terminent par **-nt.**

Conjugue chacun des verbes entre parenthèses et accorde-le avec son pronom sujet **Ils** ou **Elles.**

1. (être, futur simple de l'indicatif) Elles _____ arrivées à la maison.

2. (venir, présent de l'indicatif) Ils _____ disputer un match de soccer.

3. (avoir, imparfait de l'indicatif) Ils _____ de la difficulté à comprendre.

4. (aimer, présent de l'indicatif) Ils _____ cultiver des légumes.

5. (bâtir, imparfait de l'indicatif) Elles _____ une remise.

6. (voir, présent de l'indicatif) Elles _____ la mer de leur fenêtre.

7. (marcher, conditionnel présent de l'indicatif) Ils _____ longtemps.

8. (prendre, futur simple de l'indicatif) Ils _____ la route.

9. (boire, présent de l'indicatif) Elles _____ un jus de fruits.

10. (mettre, présent de l'indicatif) Elles _____ des mitaines.

11. (aller, futur simple de l'indicatif) Elles _____ chez tante Aline.

Activité 85   Jouer avec les mots : l'addition   Le petit guide du 2ᵉ cycle ☞ page 230

Explication

Quand tu écris un texte, tu peux **ajouter** des mots :

- pour donner plus d'information.
  - ▶ *Le blaireau creuse un terrier.*
    *Le blaireau, **mammifère carnivore,** creuse un terrier.*
- pour rendre ton texte plus intéressant.
  - ▶ *Le blaireau creuse un terrier.*
    *Le blaireau creuse un terrier **en soulevant un nuage de poussière.***

1. a) Lis le texte suivant.

Le mousse

Un bateau voguait sur les mers. Son capitaine le conduisait avec habileté. Le mousse, un garçon de 12 ans, apprenait son métier en accompagnant le capitaine. Le mousse rêvait de voguer sur d'autres mers et de visiter beaucoup de contrées.

b) Ajoute les mots et les groupes de mots suivants aux endroits appropriés dans le texte ci-dessous.

• jeune	• à voiles	• un gaillard à barbe brune	• dur
• éloignées	• dans ses voyages	• du Sud	

Le mousse

Un bateau _____ voguait sur les mers

_____. Son capitaine, _____

_____, le conduisait avec habileté. Le mousse,

un _____ garçon de 12 ans, apprenait son

_____ métier en accompagnant le capitaine

_____. Le mousse rêvait de voguer sur

d'autres mers et de visiter beaucoup de contrées _____.

Activité 85 Jouer avec les mots : l'addition (*suite*)   Le petit guide du 2ᵉ cycle   ☞ page 230

2. a) Observe les mots et les groupes de mots inscrits dans les bulles.

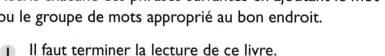

à toiture rouge   la plus   de course

avant samedi   tous les jours

b) Récris chacune des phrases suivantes en ajoutant le mot ou le groupe de mots approprié au bon endroit.

1 Il faut terminer la lecture de ce livre.

_____

_____

2 La voiture roulait à plus de 150 kilomètres à l'heure.

_____

_____

3 Une jolie maison égaie le paysage.

_____

_____

4 La bibliothèque municipale est ouverte de 9 h à 16 h.

_____

_____

5 Cette fleur est vraiment belle.

_____

_____

Activité 86   Jouer avec les mots : le remplacement   Le petit guide du 2ᵉ cycle   ☞ page 234

Explication

Quand tu lis ou quand tu écris un texte, tu peux **remplacer** des mots :

• pour découvrir la classe à laquelle ils appartiennent.

▸ ***Plusieurs*** *grands félins vivent en Afrique.*
   Les *grands félins vivent en Afrique.*

Le déterminant *les* peut remplacer le mot *plusieurs*.

Donc, le mot *plusieurs* appartient à la classe des déterminants.

• pour éviter de répéter le même mot.

▸ ***Plusieurs*** *animaux vivent en Afrique.*
   Un grand nombre *d'animaux vivent en Afrique.*

a) Lis les paires de phrases suivantes.

(1) Des enfants grandissent rapidement.

   Certains enfants grandissent rapidement. _____

(2) Les enfants grandissent rapidement.

   Plusieurs enfants grandissent rapidement. _____

(3) Graham Bell était un homme étonnant.

   Graham Bell était un homme **intelligent.** _____

(4) Louise est une excellente magicienne.

   Louise est une excellente **pianiste.** _____

b) Écris la classe à laquelle appartient chacun des mots en caractères gras.

Activité 87 Jouer avec les mots : le déplacement

Le petit guide
du 2ᵉ cycle   ☞ page 236

Explication

Quand tu écris un texte, tu peux **déplacer** des mots :

• pour varier tes phrases.

> ▶ *Le pluvier kildir feint d'avoir une aile cassée **quand un prédateur s'approche de son nid.***
> ***Quand un prédateur s'approche de son nid,** le pluvier kildir feint d'avoir une aile cassée.*

• pour donner plus d'importance à un mot dans une phrase.

> ▶ *La coccinelle a un **énorme** appétit : elle peut dévorer 500 pucerons par jour.*
> *La coccinelle a un appétit **énorme** : elle peut dévorer 500 pucerons par jour.*

Récris les phrases suivantes en déplaçant les mots ou les groupes de mots en caractères gras. N'oublie pas d'utiliser la virgule pour isoler ou pour encadrer les mots déplacés quand cela est nécessaire. Assure-toi que les phrases gardent leur sens. Relis l'explication à la page 77 afin de bien utiliser la virgule.

1 Nous avons vu des acrobates **en arrivant au cirque.**

_____

2 Je jouerai au soccer **l'été prochain.**

_____

3 Je mangerais bien **de la tarte aux pommes** et de la glace à la vanille.

_____

4 **Samedi dernier,** mes parents sont allés voir un spectacle.

_____

5 Ma sœur fera un voyage en Lituanie **au mois de mai.**

_____

Mots et groupes de mots à découper pour les pages 61 et 62 (numéro 1)

PAGE 61

1. Groupes du nom (GN) qui ne contiennent qu'un nom ou un pronom

Nous	Papa	Vous	Chloé

2. Groupes du nom (GN) qui contiennent un déterminant et un nom

L'agriculteur	Mon ami	les champions
Le rouge	des légumes	Ces joueurs
la couleur		

PAGE 62

1. Les déterminants

Le	ce	de l'

Les noms

trophée	eau	chat

Les adjectifs

fraîche	superbe	petit

Mots à découper pour les pages 62 (numéro 2) et 70

PAGE 62

2. Les déterminants

Des	de la	Des	Ce	Cette

Les adjectifs

verte	gentil	agiles
multicolores	fraîche	

Les noms

garçon	balles	acrobates
pomme	limonade	

PAGE 70

Les groupes sujets (GS)

La jument noire	Les pigeons amoureux
Une hirondelle	Une marmotte solitaire
Les abeilles ouvrières	

Les groupes du verbe (GV)

hennit sans cesse.	roucoulent.
butinent les roses.	creuse son terrier.
nous fait entendre son gazouillis.	